Welcome to
지식인 마을

촘스키가

새싹마을

아크로폴리스

아고라

아인슈타인가

입구

지식인마을11
사이먼 & 카너먼
심리학, 경제를 말하다

지식인마을 11 심리학, 경제를 말하다
사이먼 & 카너먼

저자_ 안서원

1판 1쇄 발행_ 2006. 11. 20.
2판 1쇄 발행_ 2013. 3. 18.
2판 4쇄 발행_ 2022. 7. 1.

발행처_ 김영사
발행인_ 고세규

등록번호_ 제406-2003-036호
등록일자_ 1979. 5. 17.

경기도 파주시 문발로 197(문발동) 우편번호 10881
마케팅부 031)955-3100, 편집부 031)955-3200, 팩스 031)955-3111

저작권자 ⓒ 2006 안서원
이 책의 저작권은 저자에게 있습니다. 서면에 의한 저자와 출판사의
허락 없이 내용의 일부를 인용하거나 발췌하는 것을 금합니다.

Copyright ⓒ 2006 Sowon Ahn
All rights reserved including the rights of reproduction in whole
or in part in any form. Printed in KOREA.

값은 뒤표지에 있습니다.
ISBN 978-89-349-2170-7 04180
      978-89-349-2136-3 (세트)

홈페이지_ www.gimmyoung.com   블로그_ blog.naver.com/gybook
인스타그램_ instagram.com/gimmyoung   이메일_ bestbook@gimmyoung.com

좋은 독자가 좋은 책을 만듭니다.
김영사는 독자 여러분의 의견에 항상 귀 기울이고 있습니다.

이 책은 《지식인마을 11 노벨경제학상을 수상한 심리학자들》의 개정판입니다.

지식인마을 11

사이먼 & 카너먼
Herbert Simon & Daniel Kahneman

심리학, 경제를 말하다

안서원 지음

김영사

Prologue1 지식여행을 떠나며

판단과 선택의 심리학

　경제학자가 아니면서 노벨 경제학상을 수상한 사이먼과 카너먼, 이 책을 통해 이들의 연구를 알기 쉽게 소개하고자 했다. 이것은 이 시리즈의 기획 의도이기도 한데 목적한 바가 제대로 이루어졌는지는 솔직히 자신이 없다. 그나마 기획자와 출판사 여러분의 도움으로 '꼴'을 갖추게 된 것 같아 이 자리를 빌려 다시 감사드린다. 또한 기획자에게 본 저자를 추천하신 이정모 교수님께도 감사드린다.

　이 책을 읽는 독자에게, 특히 이 책을 통해 '판단과 선택의 심리학'을 처음 접하는 독자에게 선택과 합리성에 대한 경제학과 심리학의 차이가 무엇인지 한마디 하고 싶다. 인간 행동을 단순화시키고 수리화해서 더 큰 시장의 움직임을 이해하고 예측하고자 하는 경제학과 달리 심리학은 인간 행동의 복잡함 자체를 이해하고자 한다. 이렇듯 두 분야의 차이는 인간 행동을 이해하는 기본적인 관점과 연구 방법에서 시작된다.

　선택행동에 대한 연구와 합리성에 대한 논의는 경제학에서 먼저 다루어졌다. 심리학은 후발주자로서 경제학과는 '다른' 관점을 취한다. 그 과정에서 경제학적 관점을 비판하고 대안적인 이론을 제시하지만 그렇다고 해서 이런 비판이 대립적이고 상대의 가치와 기여를 인정하지 않는 배타적인 것이 아님을 분명히 하고 싶다. 후발주자로서 이미 견고한 이론체계와 부동의 지지자를 확보한 선발주자와 차별화하기 위한, 그리고 자기 존재를 알리기 위한 전략적 비판으로 받아들였으면 한다.

우리 삶은 선택의 연속이다. 판단과 선택의 심리학을 공부한다고 더 나은 선택을 한다는 보장은 없지만 적어도 삶의 중요한 부분을 이해하고 보다 현명하게 바라볼 수 있는 시선을 키울 수 있다고 생각한다. 아무쪼록 이 책을 통해 독자 여러분도 사이먼과 카너먼에 대한 지식뿐 아니라 자신의 선택과 판단, 문제해결 방식을 되돌아보고 이에 대해 생각해보는 시간을 갖기 바라는 마음이다.

마지막으로 우리 가족에게 고마움을 전하고 싶다. 이 책을 쓰는 동안 내내 엄마 뱃속에 있다 건강하게 세상에 나온 둘째 지우, 그리고 이젠 의젓하게 훌쩍 커버린 첫째 용우, 내가 주저앉지 않도록 용기를 북돋아준 남편, 항상 날 믿어준 부모님, 이젠 든든한 인생의 친구가 되어버린 언니 지원과 동생 아원에게 사랑을 전한다.

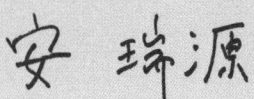

Prologue2 이 책을 읽기 전에

〈지식인마을〉시리즈는…

〈지식인마을〉은 인문·사회·과학 분야에서 뛰어난 업적을 남긴 동서양대표 지식인 100인의 사상을 독창적으로 엮은 통합적 지식교양서이다. 100명의 지식인이 한 마을에 살고 있다는 가정 하에 동서고금을 가로지르는 지식인들의 대립·계승·영향 관계를 일목요연하게 볼 수 있도록 구성했으며, 분야별·시대별로 4개의 거리를 구성하여 해당 분야에 대한 지식의 지평을 넓히는 데 도움이 되도록 했다.

〈지식인마을〉의 거리

플라톤가   플라톤, 공자, 뒤르켐, 프로이트 같이 모든 지식의 뿌리가 되는 대사상가들의 거리이다.
다윈가   고대 자연철학자들과 근대 생물학자들의 거리로, 모든 과학 사상이 시작된 곳이다.
촘스키가   촘스키, 벤야민, 하이데거, 푸코 등 현대사회를 살아가는 인간에 대한 새로운 시각을 제시한 지식인의 거리이다.
아인슈타인가   아인슈타인, 에디슨, 쿤, 포퍼 등 21세기를 과학의 세대로 만든 이들의 거리이다.

이 책의 구성은

〈지식인마을〉 시리즈의 각 권은 인류 지성사를 이끌었던 위대한 질문을 중심으로 서로 대립하거나 영향을 미친 두 명의 지식인이 주인공으로 등장한다. 그리고 다음과 같은 구성 아래 그들의 치열한 논쟁을 폭넓고 깊이 있게 다룸으로써 더 많은 지식의 네트워크를 보여주고 있다.

초대 각 권마다 등장하는 두 명의 주인공이 보내는 초대장. 두 지식인의 사상적 배경과 책의 핵심 논제가 제시된다.
만남 독자들을 더욱 깊은 지식의 세계로 이끌고 갈 만남의 장. 두 주인공의 사상과 업적이 어떻게 이루어졌으며, 그들이 진정 하고 싶었던 말은 무엇이었는지 알아본다.
만남 시공을 초월한 지식인들의 가상대화. 사마천과 노자, 장자가 직접 인터뷰를 하고 부르디외와 함께 시위 현장에 나가기도 하면서, 치열한 고민의 과정을 직접 들어본다.
이슈 과거 지식인의 문제의식은 곧 현재의 이슈. 과거의 지식이 현재의 문제를 해결하는 데 어떻게 적용될 수 있는지 살펴본다.

이 시리즈에서 저자들이 펼쳐놓은 지식의 지형도는 대략적일 뿐이다. 「지식인마을」에서 위대한 지식인들을 만나, 그들과 대화하고, 오늘의 이슈에 대해 토론하며 새로운 지식의 지형도를 그려나가기를 바란다.

지식인마을 책임기획 장대익
서울대학교 자유전공학부 교수

Contents 이 책의 내용

Prologue 1 지식여행을 떠나며 · 4
Prologue 2 이 책을 읽기 전에 · 6

초대

만족주의자의 웃음, 극대화자의 눈물 · 12

우리는 합리적으로 선택하고 판단할까? | 선택방식에 따른 두 가지 유형
'땅콩' 〉 '호두', '호두' 〉 '잣'이면 '땅콩' 〉 '잣'?

만남

1. **심리학과 경제학의 만남** · 28

   평생의 동반자, 사이먼과 뉴얼 | 환상의 콤비, 카너먼과 트버스키

2. **완벽한 선택이냐, 합리적 선택이냐** · 40

   어떤 선택이 합리적인가? | 합리적 선택은 어려워
   '제한된 합리성'에서 '최소만족' 찾기

3. **문제해결을 위한 인간의 '시스템'** · 58

   인지과학의 완성 | 생각하는 프로그램, 논리이론가 LT
   체스의 고수와 컴퓨터가 경기를 한다면

4. **불확실한 상황에서의 판단** · 76

   도박꾼이 패가망신하는 이유 | Out of sight, out of mind?
   판단의 기준점과 편향

5. **인간의 판단은 이론과 다르다** · 90

   내 판단은 정확해! | 난 처음부터 그럴 줄 알았어!
   B형 남자는 변덕이 심하다? | 로또 숫자는 내 생일로!
   자세히 말할수록 확률은 커진다? | 끝이 좋으면 다 좋다?

6. 어떤 것이 더 '유망' 한가? · 107
경제학자들의 영원한 연인, 효용이론 | 새로운 기대주, 유망 이론
'선호'는 움직이는거야!

7. 사이먼과 카너먼, 그 이후 · 123
'휴리스틱'의 두 얼굴 | 컴퓨터도 생각을 하는가?

Chapter 3 대화

라스베이거스로 간 그 남자, 돈을 땄을까? · 140
사이먼, 카너먼, 스미스의 논문 편집회의

Chapter 4 이슈

합리적인 선택을 할 때 환경은 어떤 역할을 하는가? · 152
눈물이 합리적인 선택을 가로막는가? · 160

Epilogue   1 지식인 지도 · 168   2 지식인 연보 · 170
           3 참고문헌 · 172   4 키워드 찾기 · 174
           5 깊이 읽기 · 177   6 찾아보기 · 181

Herbert Simon

Chapter 1

✉ 초대
INVITATION

Daniel Kahneman

← 초대

만족주의자의 웃음,
극대화자의 눈물

우리는 합리적으로
선택하고 판단할까?

사고할 수 있는 능력. 이것은 인간을 인간답게 만드는, 인간을 다른 동물들과 구분하는 중요한 특징이다. 특히 선택하고 판단하는 능력은 그중에서도 매우 고등한 사고로 분류된다. 그렇다면 우리 인간은 만물의 영장답게 합리적으로 선택하고 판단할까? 이에 대한 대답은 합리성의 정의에 따라 달라질 수 있다. 경제학에서는 완벽한 합리성을 가정한다. 즉 논리적이며 일관성 있게 사고하고 행동하는 인간을 가정한다. 사람들은 모든 것에 분명한 '선호preference'를 가지고 있고 자신의 선호를 '선택choice'이라는 행동을 통해 드러내며 선택하기 전에 모든 가능한 대안들을 비교, 평가하여 그중 최대한 만족스러운 대안을 선택한다고 본다. 그렇다면 인간은 실제로 그렇게 행동할까? 그렇지 않다. 이러한 경제학적인 합리성에 의문을 제기하고 실제로 인간이 행

◆◆◆
경제학적인 합리성에 의문을 제기하고 실제로 인간이 행동하는 방식에 근거를 둔 선택 이론을 제시한 심리학자들, 허버트 사이먼과 대니얼 카너먼

동하는 방식에 근거를 둔 선택 이론을 제시한 심리학자들이 허버트 사이먼Herbert Simon과 대니얼 카너먼Daniel Kahneman이다.

사이먼은 사람의 정보처리 능력에 한계가 있고 인간을 에워싸고 있는 환경도 선택을 위한 모든 정보를 제공하지는 않는다는 점에서 경제학적 의미의 합리성은 불가능하며, 그런 의미에서 인간의 합리성은 제한되어 있다고 주장했다. 카너먼은 인간의 선택이 어떤 방식으로 처리되는지에 대한 이론을 제시함과 동시에 사람들이 불확실한 상황에서 어떻게 확률적인 판단을 내리는가 하는 인지적 방식, 그리고 그 결과에 따른 편향들을 소개한다. 이 두 학자의 공통점은 사람들이 인지적으로 정보를 처리하는 방식에 근거해 선택과 판단에 대한 이론을 제시했다는 것이다.

이 책에서는 사이먼과 카너먼의 삶의 발자취를 간단히 살펴보고 선택과 판단에 대한 이들의 이론을 소개한다. 또한 그 이론을 계승, 비판하는 관련 연구자들을 소개함으로써 인간의 합리성에 대한 토론의 장을 마련하고자 한다. 이 책에서 다룰 주제는 다음과 같다.

1. 인간의 선택은 어떻게 이루어질까?
2. 불확실한 상황에 대한 확률적 판단은 어떻게 이루어질까?
3. 인간의 선택에 대해 경제학과 심리학은 어떤 견해 차이가 있을까?
4. 인간의 선택과 판단은 과연 합리적일까?

선택방식에 따른 두 가지 유형

노트북을 사기 위해 인터넷 쇼핑몰을 둘러보는 김씨를 상상해 보자. 쇼핑몰 메뉴에서 컴퓨터/게임, 노트북 카테고리를 차례로 클릭한 후 김씨가 제일 먼저 접한 화면은 다음과 같다.

김씨는 먼저 어떤 노트북들이 있는지 둘러보기로 하고 제일 위

노트북 카테고리			
삼성 SENS	12인치 이하	13/14인치	15인치 이상
TG삼보 에버라텍	12인치 이하	13/14인치	15인치 이상
LG XNOTE	12인치 이하	13/14인치	15인치 이상
SONY VAIO	12인치 이하	13/14인치	15인치 이상
TOSHIBA	12인치 이하	13/14인치	15인치 이상
후지쯔 라이프북	12인치 이하	13/14인치	15인치 이상
HP 파빌리온	13/14인치	15인치 이상	
컴팩 프리자리오	12인치 이하	13/14인치	15인치 이상
IBM 씽크패드	12인치 이하	13/14인치	15인치 이상
기타	ASUS	SOTEC	기타

에 있는 브랜드의 상품군들을 차례로 클릭했다. 12인치 이하에는 19개의 제품이, 13/14인치에는 12개, 15인치 이상에는 44개의 제품이 있었다. 이 예의 경우 한 브랜드에 해당하는 제품만 모두

75개에 해당한다. 문제를 더욱 복잡하게 하는 것은 한 노트북마다 제공되는 정보가 적어도 30여 가지 이상이 된다는 것이다. 자, 여러분이 김씨와 같은 상황이라면 이 많은 제품 중에서 어떻게 하나를 선택하겠는가?

일단은 노트북이 여러분에게 얼마나 중요한 제품인지에 따라 선택행동은 다르게 나타날 수 있다. 마케팅에서는 이를 제품에 대한 '관여도'라고 한다. 노트북에 관여도가 높은 사람인 경우 좀 더 꼼꼼히 알아보고 비교한 후 선택할 것이고, 반면 관여도가 낮은 사람은 주위에 노트북을 잘 아는 친구나 가족에게 의견을 묻거나 매장에 가서 도움을 받을 것이다. 아니면 그냥 브랜드나 디자인이 맘에 드는 것으로 살 수도 있다. 제품에 대한 관여도에 따라 선택을 하기 전에 사람들이 얼마나 많은 정보를 처리하는지 달라질 수 있는 반면, 사람들의 성격이 다양하듯 각자의 선택방식에도 차이가 있을 수 있다.

예를 들어, 어떤 사람들은 최상의 것을 선택하기 위해 많은 시간과 노력을 투자한다. 한마디로, 선택을 하기 전에 생각이 많은 사람들이다. 반면 어떤 사람들은 '웬만큼 만족스러운' 제품을 선택한다. 자신의 시간과 노력도 중요하다고 보기 때문에 제품을 고르는 데 진을 빼지 않는 것이다. 자, 여러분은 어느 편에 더 가까운가? 자신의 선택방식을 좀 더 객관적으로 알아보고 싶다면, 다음에 나와 있는 질문에 답변한 후 숫자의 합을 내보자.

나는 어떤 선택을 하는 사람일까?

다음의 문항들이 자신을 얼마나 잘 표현하는지 그 정도를 숫자로 답해보자.

1——2——3——4——5——6——7
전혀 표현하지 않는다   아주 잘 표현한다

1. 나는 선택에 직면할 때마다 현재 눈앞에 보이지 않는 것까지 포함해서 모든 가능성들을 생각해보려고 노력한다. (   )
2. 현재 일에 만족하고 있더라도 나는 항상 더 나은 기회를 찾는다. (   )
3. 차 안에서 라디오를 듣고 있을 때 지금 듣는 것이 괜찮더라도 더 좋아하는 곡이 나오는지 보기 위해 다른 채널로 돌려본다. (   )
4. TV를 볼 때 한 프로그램을 보고 있는 동안에도 다른 채널에서 무엇을 하는지 돌려본다. (   )
5. 나는 사람과의 관계도 옷을 고르는 것과 비슷하다고 생각해서 딱 맞는 사람을 찾기 위해 많은 시도를 한다. (   )
6. 나는 친구를 위해 선물을 고르는 것이 대체로 어렵게 느껴진다. (   )
7. 비디오나 DVD를 고르는 것은 정말로 어렵다. 나는 항상 제일 좋은 것을 고르기 위해 애쓴다. (   )
8. 쇼핑을 할 때 내가 정말 좋아하는 옷을 찾기가 어렵다. (   )
9. 나는 순위 매겨놓은 것을 아주 좋아한다(예 : 좋은 영화 베스트 10, 인기가수 베스트 10, 베스트셀러 10 등). (   )
10. 나는 친구에게 쓰는 편지를 포함해서 글쓰기가 어렵게 느껴지는데, 딱 맞는 단어를 찾기가 어렵기 때문이다. 간단한 글을 쓸 때도 여러 번 고치는 편이다. (   )
11. 무엇을 하든지 내 자신에게 최고의 기준을 적용한다. (   )
12. 나는 절대 차선책에 만족하지 않는다. (   )
13. 나는 가끔씩 실제 삶과 아주 다른 방식으로 사는 것을 상상하곤 한다. (   )

몇 점이 나왔는가? 이 테스트의 결과는 낮게는 13점, 높게는 91점까지 나올 수 있다. 만약 여러분의 점수가 65점 이상이면, 여러분은 '극대화자^{maximizer}'에 해당하고 40점 이하라면 '만족주의자^{satisficer}'에 해당한다. 여러분은 극대화자인가, 만족주의자인가? 아니면 그 중간인가?

우리나라에도 번역 출판된 배리 슈워츠$^{Barry\ Schwartz,\ 1946~}$의 《선택의 심리학$^{The\ Paradox\ of\ Choice}$》(2004)에서는 사람들을 선택방식에 따라 크게 '극대화자'와 '만족주의자'로 분류한다. 최상의 것을 선택하고자 많은 노력을 기울이는 사람들을 '극대화자'라 하고, 적당히 찾아보고 웬만큼 마음에 들면 선택하는 사람들을 '만족주의자'라 한다.

앞서 노트북 쇼핑의 예에서도 볼 수 있듯이 최상의 것을 선택하기란 쉬워 보이지 않는다. 아무래도 가격이 비쌀수록 성능이나 디자인 등에서 다른 제품보다 나을 가능성이 크다. 어떤 가격이라도 구매할 수 있는 상황이라면 선택의 폭이 넓겠지만, 현실적으로는 가격을 고려하지 않을 수 없다. 어떻게 보면 우리의 선택에서 가장 큰 제약이 되는 것은 돈, 즉 경제적인 이유일 때가 많다. 자신이 노트북을 사기 위해 쓸 수 있는 예산 안에서 최상의 제품을 골라야 하는 것이다.

며칠에 걸쳐 인터넷 정보를 탐색하고 주변 사람들의 의견을 참고해 최종적으로 한 제품을 선택한 후에는 어디에서 구매할 것인지를 결정해야 한다. 할인 매장에서 구입할 것인지, 아니면 전문 매장이나 인터넷에서 구매할 것인지, 인터넷에서 구매한다면 어느 쇼핑몰을 이용할 것인지 등등을 고민해야 한다. 이런 숙

◆◆◆
최상의 것을 선택하고자 많은 노력을 기울이는 사람들을 '극대화자'라 하고, 적당히 찾아보고 웬만큼 마음에 들면 선택하는 사람들을 '만족주의자'라 한다.

고의 과정을 거쳐 최종적으로 노트북을 손에 넣었다고 하자. 극대화자는 자신의 선택이 만족스러울까? 이 또한 쉽지 않아 보인다. 왜냐하면 노트북의 경우 기술 향상의 속도가 빠르고 그에 따라 가격이 자주 변하기 때문이다. 극대화자가 노트북을 산 지 일주일 후 똑같은 모델의 가격이 내려갈 수도 있다. 만약 이런 일이 생긴다면 극대화자는 분명 '일주일만 기다릴걸' 하고 후회할 가능성이 크다.

반면에 만족주의자는 최상의 것을 찾는 일 자체가 어렵다는 걸 인정하고 '웬만큼 만족스러운' 제품을 선택한다. 그리고 그런 제품을 선택하기 위해 극대화자에 비해 시간과 노력을 덜 기울인다. 어차피 최상의 제품을 목표로 삼은 것이 아니므로 구매한 제품이 자신의 기대를 어느 정도 충족시키면 스스로의 선택에 크게 불만을 갖지 않을 것이다.

'땅콩 〉 호두', '호두 〉 잣'이면 '땅콩 〉 잣'?

《선택의 심리학》의 저자 슈워츠는 극대화자가 되기보다는 만족주의자가 되는 것이 행복한 삶을 영위할 수 있는 방법이라고 설득력 있게 제안하고 있다. 그런데 극대화자와 만족주의자의 두 유형은 지금까지 진행되어온 선택 또는 의사결정에 대한 연구의 두 가지 다른 입장을 잘 드러낸다. 하나는 우리가 극대화자가 되어야 한다고 보는 경제학의 이론이고, 다른 하나는 경제학적 입장의 대안으로 제시된 심리학의 선택 이론이다.

경제학적 입장에서의 선택은 한 개인의 주관적 가치를 극대화시켜야 하며, 가치를 극대화할 수 있는 선택이 합리적이라는 견해다. 주관적 가치는 전문 용어로 '효용^{utility}'이라고 불린다. 선택을 위한 가치에서 객관적 가치가 아닌 주관적 가치를 고려하는 것은 똑같은 1만 원이어도 초등학생과 대학생이 느끼는 1만 원의 가치가 다른 것처럼 개인마다 주관적으로 느끼는 가치가 다르기 때문이다.

효용의 극대화가 합리적인 선택이라는 견해는 18세기부터 자리잡기 시작했다. 그 후 1944년 폰 노이만$^{J.\,L.\,von\,Neumann,\,1903~1957}$●과 모르겐슈테른$^{Oskar\,Morgenstern,\,1902~1977}$이라는 두 경제학자를 통해 개인의 효용을 측정할 수 있는 객관적 방법과 이론적인 토대가 마련되면서 경제적 행위의 기본 전제로 더욱 확고히 자리잡게 되었다. 폰 노이만과 모르겐슈테른은 겉으로 드러난 선택행동을 통해 한 개인의 효용을 도출할 수 있다고 보았다. 이것이 가능한 가장 기본적인 이유는 사람들이 무언가를 좋아하는 정도(이를 '선호'라고 한다)에도 '수^{number}'가 갖는 여러 속성이 나타난다고 가정

◆◆◆ 폰 노이만

헝가리 태생의 미국 수학자. 양자역학의 수학적 기초를 확립했다. 또한 게임 이론(게임의 결과가 자신의 선택과 기회뿐 아니라 다른 경기자들이 하는 선택에 의해 결정되는 경쟁 상황을 분석하는 데 이용되는 이론)을 연구, 경제학에도 큰 영향을 미쳤다.
또한 모르켄슈테른과 함께 개인의 효용을 측정할 수 있는 객관적 방법과 이론적 토대를 마련했다.

했기 때문이다.

한 예로 숫자 a가 b보다 크고, b가 c보다 크면, a는 c보다 크다. 이것은 a, b, c가 어떠한 수라도 항상 참이다. 이제는 a, b, c가 숫자가 아닌 어떤 대상이라고 해보자. a에 대한 선호가 b에 대한 선호보다 크고, b에 대한 선호가 c에 대한 선호보다 크면, 숫자에서와 마찬가지로 a에 대한 선호가 c에 대한 선호보다 크다고 보는 것이다. 이것이 경제학에서 가정하는 공리^{axiom} 중의 하나다. 그런데 문제는 이 가정이 수에서와 달리 선호 관계에서는 항상 참은 아니라는 것이다.

이 이론은 발표된 후 경제학 내에서뿐만 아니라 다른 사회과학 분야에서도 큰 관심을 얻게 되었다. 그리고 세상의 거의 모든 이론이 그렇듯이 이를 지지하는 반응과 비판하는 반응이 함께 나타났다. 지지하는 입장에서는 이 이론에 근거해 개인이 자신의 효용을 극대화하는 방향으로 행동한다고 보고 거시적인 시장의 흐름을 예측하고 설명하려 했다.

한편 비판적 입장의 소수 경제학자와 사회과학자들은 이 이론이 실제로 사람들의 선택행동을 그리 잘 설명하지 못한다고 보았다. 비판하는 입장에 있던 인물 중 가장 대표적인 사람이 바로 이 책의 주인공인 사이먼과 카너먼이다.

앞서 언급했던 두 가지 선택 유형 중 만족주의자는, 사이먼이 두 경제학자의 이론을 비판하면서 대안으로 제안한 심리학적 선택 이론과 관련된다. 사이먼은 사람들이 자신의 효용을 극대화하는 선택을 할 수 있는가에 대해 회의적인 입장을 갖고 있었다. 즉 신이 아닌 다음에야 그런 선택은 현실적으로 불가능하다고 본 것이다.

처음에 제시했던 예로 돌아가 노트북을 사기 위해 고민하는 김씨를 생각해보자. 어떤 노트북이 김씨의 효용을 극대화시킬 수 있을지를 결정하기 위해서는 수많은 정보와 이를 처리하기 위한 시간과 노력이 필요하다. 김씨가 아무리 용의주도하고 기억력이 좋다고 해도 그도 사람인지라 한 번에 처리할 수 있는 정보의 양은 한정될 수밖에 없다. 또한 노트북에 관한 정보를 아무리 많이 수집했다 해도 세상에 존재하는 모든 노트북에 관한 정보를 다 구하기는 현실적으로 불가능하다. 그리고 노트북의 경우 기술의 업데이트와 그에 따른 가격의 변화가 빠른 속도로 이루어지기 때문에, 한 시점에서의 정보가 약간의 시간이 흐른 후에는 정확한 정보가 되지 못할 수도 있다.

이렇듯 사이먼은 인간의 정보처리 능력의 한계와 함께 환경이 쓸모 있는 모든 정보를 제공해주지 않는다는 점을 들어 효용을 극대화하는 선택이 현실적으로는 어렵다고 지적했다. 그는 경제학에서 가정하는 완전한 합리성보다는 어느 정도 제한된 합리성

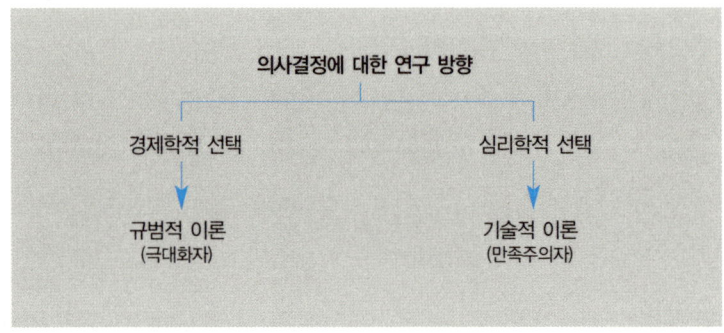

을 가정하고, 이에 근거해 사람들이 효용을 극대화하기보다 어느 정도 만족스러운 대안을 선택한다는 이론을 제시했다.

선택이나 의사결정에 대한 다른 두 입장은 '**규범적 이론**normative theory'과 '**기술적 이론**descriptive theory'으로 구분되는데 극대화자와 만족주의자는 각각의 이론을 대표한다고 볼 수 있다. 완전한 합리성을 가정하는 경제학적인 관점은 규범적 이론이라고 부르고, 사람들의 실제 선택행동을 설명하고자 한 심리학적인 이론은 기술적 이론이라고 부른다. 일반적으로 '규범'이란 '한 사회 집단의 구성원들이 공유하는 행위의 기준이나 규칙'이라고 정의된다. 선택에 관한 경제학 이론이 '규범적 이론'이라 불리는 것은 이상적인 상황을 가정하고 그에 따라 선택하게 되면 개인의 효용을 극대화할 수 있으므로 선택의 기준을 제공한다는 점에서 비롯된다.

그러나 이러한 규범적 이론이 사람들의 실제 선택행동을 설명해주는 것은 아니라고 본 심리학자들은 사람들이 실제로 어떤 사고 과정(더 전문적으로는 '인지 과정'이라고 부른다)을 거쳐 의사결정을 하고 선택하는지에 관심을 가졌다. 그래서 이들이 제시한 이론을 통틀어 '기술적 이론'이라고 말하는 것이다. 기술적 선택이론으로 들 수 있는 것이 1979년에 카너먼이 그의 동료 에이머스 트버스키Amos Tversky와 함께 소개한 '**유망 이론**prospect theory'이다.

사이먼은 1978년에, 카너먼은 2002년에 노벨 경제학상을 받았는데 재미있는 것은 두 사람 모두 경제학자가 아니라는 점이다. 카너먼은 분명히 인지심리학자라고 말할 수 있지만, 사이먼은 워낙 정치학, 경제학, 조직경영학, 심리학, 컴퓨터공학 등 여러 분야에 영향을 미쳤기에 딱히 경제학자 혹은 심리학자라는 하나의 명칭을 부여하기가 어렵다. 그러나 노벨상을 수상할 때 자신이 경제학에 관심은 있지만 경제학보다는 인공지능이 주된 관심 분야였다고 밝힌 사이먼의 말에 따라 경제학자가 아니라고 해도 크게 틀리지는 않을 것 같다. 이 두 사람이 노벨 경제학상을 받았다는 것은 그들의 이론이나 견해가 기존의 경제학적인 관점에 큰 충격과 변화를 가져왔다는 것을 잘 보여준다.

이 분야의 연구자들 사이에서 카너먼의 이름은 항상 트버스키라는 이름과 함께 붙어 다니는데, 왜 트버스키는 함께 수상하지 못했을까? 이 둘은 모두 유태인으로 이스라엘의 헤브루 대학을 나왔다. 박사과정을 밟은 곳은 서로 다르지만 학위를 받은 후 둘 다 헤브루 대학의 교수가 된다. 이때 서로 알게 되면서 공동연구가 시작되었다. 노벨 경제학상을 받은 후 카너먼은 《뉴욕타임스》와의 인터뷰에서, "트버스키와는 1969년부터 공동연구를 시작했고 이번 수상은 트버스키와의 공동수상으로 여긴다"고 밝혔다. 1996년 59세 되던 해 암으로 세상을 떠난 트버스키는 노벨상은 사후에 수여되지 않는다는 규정 탓에 상을 받지 못했다.

카너먼과 트버스키는 규범적 이론의 한계를 극복하는 기술적 선택 이론을 발표한 뒤에도 인간의 판단 과정에 대해 다양한 연구를 했다. 그 가운데 중요한 것이 '확률'에 관한 문제였다. 선택이나 의사결정을 위해서는 여러 결과들이 가져올 가능성에 대한 판단이 필요한데, 이때 확률적 판단이 요구된다. 즉 불확실한 미래에 어떤 결과가 더 그럴듯한지, 더 가능성이 있는지 그 정도를 판단해야 하는 것이다.

이들의 연구는 보통 '휴리스틱과 편향heuristics and biases' 프로그램이라고 불리는데, 여기에서는 확률 이론이나 통계 이론이 규범적 이론이 되고 실제로 사람들이 판단하는 인지 과정은 '휴리스틱heuristics'이라고 불린다.

휴리스틱이라는 말은 원래 수학에서 사용되기 시작한 것으로 우리나라 말로는 '주먹구구식 방법' '어림법' '추단법' '발견법' 등으로 다양하게 번역된다. 여기서는 그냥 휴리스틱이라고 부르고자 한다. 이것은 단계에 따라 논리적으로 프로그램된 알고리즘algorism에 의해 문제를 해결하기보다는 우연한 방법으로 문제를 해결하는 것이다. 이는 알고리즘과 달리 문제해결의 성공을 항상 보장해주지는 않지만 성공하는 경우에는 알고리즘에 의한 해결보다 적은 정보와 빠른 시간을 요하기 때문에 효율적이다. 카너먼과 트버스키가 사람의 판단 과정을 휴리스틱이라 칭한 것도 어떤 논리적인 방식에 따르기보다는 대략의 주먹구구식 방법으로 판단에 이르기 때문이다. '편향biases'은 휴리스틱을 사용한 결과로 나타나는 잘못된 판단을 일컫는다. 판단에 대한 이들의 연구는 선택에서와 마찬가지로 규범적 이론과 기술적 이론이 대구對句를 이루게 되며, 여러 편향에 대한 연구 결과들은 '인간은 합리적이다'라는 믿음에 큰 변화를 가져온다.

사이먼과 카너먼은 완벽한 합리성을 가정한 경제학적인 관점과 달리 인간의 합리성이 제한적이라고 보고, 때로는 비합리적인 행동을 보이기도 한다고 주장했다. 선택에 대한 경제학적인 접근을 비판하고 실제 선택행동에 관심을 갖고 연구해온 이들이 바로 '판단과 의사결정 심리학'의 거목이라고 할 수 있겠다. 사이먼이 보다 거시적인 관점을 제시했다면 카너먼과 트버스키는 구체적인 이론과 관련 현상들에 대해 설명했다고 볼 수 있다.

자, 이제는 판단과 의사결정 심리학이 어떤 주제에 관심을 가지고 있는지 조금은 이해할 수 있게 되었다. 다음 장에서는 판단과 의사결정 심리학을 연구한 주요 인물들과 만나면서 아래의 내용에 주목하여 그들의 생애와 연구에 대해 자세히 살펴보기로 하자.

> 1. 어떤 배경에서 사이먼과 카너먼의 연구가 나오게 되었는지 생각해보자.
> 2. 규범적 이론의 경제학적인 관점과 기술적 이론의 심리학적 관점의 차이를 알아보자.
> 3. 이론에 따라 인간의 합리성에 대해 어떤 견해를 갖고 있는지 대략적인 인상을 형성해보자.

Herbert Simon

Chapter 2

만남
MEETING

Daniel Kahneman

만남 1
심리학과 경제학의 만남

평생의 동반자, 사이먼과 뉴얼

허버트 사이먼^{Herbert Simon, 1916~2001}은 1916년 6월 15일 미국 위스콘신 주 밀워키에서 태어났다. 그의 부모는 모두 독일계로, 어머니는 조부 때 미국으로 이민을 왔으며, 아버지는 대학을 졸업한 후 이민 온 경우였다. 사이먼의 아버지는 엔지니어였는데 그의 직업관과 생활태도는 사이먼에게 큰 영향을 끼쳤다. 그는 전자제어 부문 디자이너로 피드백 장치를 개발하는 데 크게 기여했고, 이러한 아버지의 업적은 후에 사이먼이 경제 시스템과 조직행동의 역동성을 피드백 이론을 이용해 모델링하는 데 영향을 미쳤다고 한다. 또한 자신의 직업에서 전문가였을 뿐 아니라 광범위한 상식을 가지고 사회활동에 적극적이었던 아버지의 태도 또한 여러 분야에서 사이먼이 가지고 있던 박식한 지식과 다재

다능함을 설명해준다. 한 예로, 사이먼은 역사나 철학에 조예가 깊었을 뿐 아니라 20여 언어를 읽을 줄 알았다고 한다. 또한 그를 잘 아는 사람들은 그가 피아니스트나 미술가가 되어도 충분히 삶을 영위했을 것이라고 전한다.

사이먼은 어려서부터 독립적으로 공부했다. 학교 성적도 좋았으며 학업과 관련된 내용들을 도서관에서 책으로 읽으며 자신의 지적 호기심을 충족시켰다. 그는 어떠한 주제라도 혼자서 습득할 수 있는 자신의 능력에 큰 자신감을 가졌고 또래들보다 똑똑하다는 것에 자부심을 느꼈다고 한다. 그는 인습을 타파하고 새로운 것을 발견하며 개척하는 걸 좋아했는데, 이런 면에서 자연과학보다는 사회과학에서 더 큰 가능성을 보았다. 따라서 그는 1933년 시카고 대학에 입학해 정치학을 전공하게 된다. 또한 경제학에도 큰 관심을 갖고 2, 3학년 때는 대학원 수준의 과목을 듣곤 했다. 독립성과 새로움을 강조하는 시카고 대학의 학풍은 사이먼의 개인적인 가치와 잘 들어맞았다. 그는 수업을 듣기보다 혼자 공부하는 것을 더 선호했으며, 그러고도 3년 안에 졸업할 수 있었다. 그는 한 분야에서 쉽게 받아들여지곤 하는 연구의 전통이나 기본 가정 등을 아무 의문 없이 무조건 습득하지 않았다. 그의 그런 독립적인 학습방식은 어떠한 것이 실제로 타당한지를 생각해보고 더 나은 방법론이나 실제 현상에 부합하는 가정을 제시하는 데 기여한 것으로 보인다.

당시 시카고 대학의 정치학과는 실력 있는 정치학자들이 모여 있는 미국 최고의 학과로, 연구뿐 아니라 실제적인 사회 참여도 중요시했다. 이런 분위기 덕택에 사이먼과 그의 친구들은 당시 현실 문제에도 몰두하게 되었다. 1930년대에 미국은 대공황의 여파로 시달리고 있었으며, 유럽에는 제2차 세계대전의 암울한 전운이 감돌고 있었다. 당시 소련은 스탈린의 통치하에 변화의 길을 걷고 있었다. 한편 시카고는 1800년대 말부터 1900년대 초에 급속히 성장한 도시로 여러 사회·정치적 문제를 안고 있었다. 대학생으로서 시장 선거 때 감시인단으로 참가해 선거의 부패상을 직접 보게 된 사이먼과 그의 친구들은 당면한 정치 문제에 대해 열띤 토론을 벌였으며 개혁의 필요성을 절실히 느끼기도 했다.

1935년 그는 대학에 다니면서 밀워키의 한 관공서에서 시간제로 일했는데, 그곳에서 시 행정부가 예산과 관련된 의사결정을 어떻게 하는가 하는 문제에 관심을 갖게 되었다. 당시 그의 관심을 끌었던 구체적인 문제는 '밀워키에 있는 놀이터를 유지하는 것, 즉 나무를 심고 잔디를 깎는 것 등과 놀이터에서의 활동 프로그램을 운영하는 데 어떻게 예산을 분배할 것인가?'였다. 이 문제에 대해 자신의 경제학 지식에 근거해 만든 가설은 '놀이터 유지에 쓰인 돈과 프로그램을 운영하기 위해 고용한 사람의 월급이 같은 정도의 수익을 낼 수 있도록 자원을 분배하라'였다. 그러나 이 가설은 두 가지 면에서 잘못되었는데, 실제로 지방 행정에서는 이런 식으로 의사결정이 이루어지지 않는다는 것과, 하나의 가치를 다른 가치와 어떻게 비교 측정해야 하는지가 명확하지 않다는 것이다. 사이먼은 이 문제를 보다 일반적인 질문으로 확대해 생각하게 됐고, 이는 평생 동안 그에게 동기를 부여한 연구 주제가 되었다. 그것은 '신고전주의 경제학에서 가정하는,

합리성이 충족되지 않는 조건에서 인간은 어떻게 논리적으로 사고하는가?'라는 주제였다. 이후 사이먼은 관심 주제를 '의사결정', '선택' 또는 '문제해결'이란 용어를 써서 정의했다.

사이먼은 1936년 가을 학기부터 시카고 대학 대학원에서 공부를 하면서 실제 시 행정과 관련된 여러 연구들을 수행하게 된다. 일례로 1939년부터 1942년까지는 캘리포니아에 있는 버클리 대학의 행정연구소BPA, Bureau of Public Administration에서 일을 했는데, 이곳에서 수행한 첫 연구는 '캘리포니아 주 정부 산하 구제사업부에 몇 명의 사회사업가를 두는 것이 적절한가'를 결정하는 문제였다. 이처럼 구체적이고 실제적인 문제에 대한 연구를 진행하면서 그는 조직과 조직경영, 조직 내의 의사결정과 전문가의 역할 등과 같은 문제에 관심을 갖게 되었다. 또한 추상적이고 이론적인 지식이 구체적인 상황에 적용되어 어떠한 해결방식을 제안할 수 있는지에 대해서도 고민하게 되었다. 그는 이런 구체적인 고민들을 다시 논문이나 책으로 정리해 한층 체계화된 이론으로 발표했다. 제2차 세계대전 이후 점차 거대해지는 관료체제를 보면서 관료조직의 통제와 관리가 주요 연구 주제로 자리잡게 되고, 이에 대한 연구 결과가 그의 '조직 이론'으로 발전한 것이다.

1942년 박사학위 논문 심사를 위해 시카고로 돌아온 그는 졸업 후 일리노이 공과대학 IIT, Illinois Institute of Technology의 정치학과 조교수로 임명된다. IIT는 당시 건축학으로 유명한 학교로서 도시계획을 주도하는 교수들이 다수 있었다. 그러나 사이먼의 눈에 건축학자들의 도시계획은 다분히 유토피아적이고 독단적이며 정치경제적 측면은 무시한 것으로 보였다. 사이먼은 도시계획에 있어서도 경제적인 측면이 중요하다는 사실을 강조했으며 이러한 그의 믿음은 2주에 한 번씩 열리는 경제학 모임 콜스 커미션 Cowles Commission에 참여하면서 더 강화되었다. 이 모임은 사이먼이 수리 경제학 대가들과 교류할 수 있도록 해준 것은 물론, 랜드 연구소 RAND, Research and Development Corporation, 해군 연구소 ONR, Office of Naval Research 와 함께 일을 하게 되는 연결고리 역할을 했다. 이 두 연구소는 세계대전 후 군사·산업·학계를 연결하는 중요한 연구기관이었다 (참고로 RAND는 공군이 무기 개발과 전략 수립을 위해 1948년에 설립한 연구소다).

1949년 사이먼은 카네기 공과대학 CIT, Carnegie Institute of Technology에 신설되는 산업행정대학원 운영에 전권을 위임받는 조건으로 학교를 옮기게 된다. 그는 이전에 하버드나 시카고 대학과 같은 명문학교에서 교수 자리를 제의받았을 때도 거절한 적이 있었지만, 카네기 공대에서는 자신이 생각하는 이론과 현실을 잇는 연구 환경을 만들 수 있다고 보았고, 마침내 이적을 결심하게 되었다.

1952년 사이먼은 RAND의 시스템 연구소 SRL, Systems Research Laboratory에서 앨런 뉴얼 Allen Newell, 1927~1992과 함께 최신 디지털컴퓨터를 보게 되면서 자신의 연구에 큰 전환점을 맞이했다. 뉴얼은 학부 때 스탠퍼드 대학에서 물리학을 전공했는데, 이때 한 수학자가 쓴 책을 읽으면서 '문제해결을 위한 휴리스틱' 개념을 처음 접했다. 졸업 후 뉴얼은 1949년 폰 노이만의 지도하에 수학을 공부하기 위해 프린스턴 대학으로 옮겼다. 그곳에서 형식수학, 특히 논리학과 게임 이론을 배우게 되는데 실제 응용과는 거리가 먼 학교 분위기 때문에 1년 후 그곳을 떠나 RAND의 수학부에서 일하게 된다. RAND에서 일을 하면서 그는 집단 의사결정에 대한 실험에 관심을 가졌으며 RAND의 사회과학부에 있는 심리학자들과 접촉하면서 시스템 연구소를 만들었다. 시스템 연구소에서 그의 역할은 실제 상황과 될 수 있는 한 비슷한 모의 의사결정 환경을 만드는 것이었고, 이 과정에서 사이먼과 관심사를 공유하게 된다. 그들은 둘 다 프로그램의 개념과 시뮬레이션 도구로서 컴퓨터의 가능성에 매료되어 있었다.

사이먼의 회상에 따르면 1952년 RAND의 시스템 연구소에서 뉴얼을 처음 만나 함께 대화하는 중에 5분도 채 안 되어 이념적으로 동류임을 알게 되었다고 한다. 이 둘은 인간의 마음이 **상징조작**(사이먼의 표현) 또는 **정보처리 시스템**(뉴얼의 표현)이라는 견해를 공유하고 있었다. 사이먼은 또한 뉴얼의 지적 능력을 높이 평가하여 '천재라는 용어를 쓸 수 있는 유일한 사람'이라고 표현했다. 사이먼의 친구 중에서 노벨상을 받은 사람만 12명이나 된다는 사실을 감안하면 그가 뉴얼을 어떻게 평가했는지를 짐작할 수 있다. 1955년 뉴얼은 사이먼과 함께 연구하기 위해 카네기 공과대학에서 박사과정을 밟았다. 이들은 함께 1956년 '인지과학 Cognitive Science'의 탄생에 지대한 역할을 하며 이후 문제해결과 관련된 연구를 수행했다. 동료 연구자로서 이들의 관계는 1992년 뉴얼이 죽을 때까지 지속되었다. 사이먼은 2001년 84세의 나이로 세상을 떠났다.

이처럼 사이먼은 1950년대를 기점으로 그 이전에는 정치학,

◆◆◆
사이먼과 함께 인지과학 탄생에 지대한 역할을 한 뉴얼

행정학, 경영학 등의 분야에서 조직 이론가로서 조직의 의사결정에 관심을 갖고 주로 수리적인 방법을 적용해 자신의 이론을 전개했다. 이후에는 뉴얼과 함께 컴퓨터공학자, 심리학자로서 인간의 문제해결에 관심을 가져 컴퓨터를 이용한 시뮬레이션을 통해 자신의 이론을 전개했다. 이러한 변화가 다소 급작스럽게 느껴질 수도 있겠지만 여기에는 두 시기를 관통하는 공통 주제가 있었다. 바로 '시스템'이다. 사이먼은 조직과 인간을 모두 위계 구조를 가지고 있는 시스템이라는 관점으로 접근한 것이다.

환상의 콤비, 카너먼과 트버스키

대니얼 카너먼^{Daniel Kahneman, 1934~}은 1934년 이스라엘(당시 팔레스타인)에서 태어났다. 그러나 어린 시절은 대부분 프랑스에서 보냈다. 그의 아버지는 카너먼이 여섯 살 때 독일군이 프랑스를 점령하자 죽음의 수용소로 끌려갔지만, 화학자로서 진행하고 있던 연구의 중요성을 인정받아 다시 풀려나게 된다. 그러나 얼마 지나지 않은 1944년에 숨졌고, 카너먼과 그의 어머니는 전쟁이 끝날 때까지 숨어 지내다가 1946년 고향으로 돌아왔다. 그는 헤브루 대학에서 심리학과 수학을 전공했으며 1954년 대학을 졸업하고 이듬해 군에 입대했다. 군에서 그가 한 일은 신병을 선발하는 것이었는데, 많은 동료들이 단순히 인상에 근거해 선발하는 것을 보고 자기 스스로 인성 평가서를 만들어 사용하기도 했다. 군에서 제대한 뒤 그는 논리학을 공부하기 위해 헤브루 대학으로 돌아왔고 학교의 지원으로 캘리포니아 버클리 대학에서 대학원 과정을 밟아 1961년 심리학 박사학위를 받았다. 그는 1958년부터 1973년까지 헤브루 대학에서 강사로 일하다가 1973년에 동 대학의 교수가 되고, 5년 후 캐나다의 브리티시컬럼비아 대학으로 자리를 옮겼다. 1986년 다시 버클리 대학으로 이직했으며 1993년 이후부터 현재까지 프린스턴 대학에서 심리학과 행정학 교수로 재직하고 있다.

그와 트버스키의 공동연구는 1969년 헤브루 대학에서 시작된 후 1996년 트버스키가 암으로 사망할 때까지 지속된다. 《뉴욕 타임스》와의 인터뷰에서 카너먼은 트버스키와의 공동연구를 일컬어 "수십 년 동안 쌍둥이처럼 지낸 것 같다"고 표현했다. 그들은 헤브루 대학의 교정을 거닐거나 카페에 앉아서, 또는 자신들의 연구실에서 연구 주제에 대해 끊임없이 이야기를 나누었다. 후에 트버스키가 스탠퍼드 대학에, 카너먼이 브리티시컬럼비아 대학에 있을 때도 이들은 하루에 여러 번씩 전화 통화를 했다고 한다.

에이머스 트버스키 Amos Tversky, 1937~1996는 1937년 이스라엘 하이파에서 태어났다. 그의 아버지는 수의사였고 어머니는 사회사업가였는데 처음으로 구성된 이스라엘 의회의 의원이 되기도 했다. 트버스키는 1961년 헤브루 대학을 졸업했고 철학과 심리학을 전공했다. 박사학위는 1965년 미국의 미시간 대학에서 받고

1967년부터 헤브루 대학의 강사로 일하다가 1972년 동 대학의 교수가 되었다. 특히 1970년에는 스탠퍼드 대학 행동과학연구센터의 연구원으로도 일했다. 그는 1978년 스탠퍼드 대학의 교수가 되었는데 대학원 시절 만나 결혼한 그의 부인 바버라 트버스키^{Barbara Tversky} 또한 스탠퍼드 대학 심리학과 교수다.

선택의 주제에 대해 먼저 관심을 가지고 연구한 사람은 트버스키였던 것으로 보인다. 그의 박사학위 논문 주제인 '가산적 선택구조^{additive choice structures}'도 선택에 관한 것이었고, 1969년에 발표한 논문 〈선호의 비이행성^{Intransitivity of Preferences}〉은 경제학에서 가정하는 공리 중 하나가 실제로 사람들의 선택에서는 지켜지지 않는다는 것을 직접 보여주는 것이었다. 경제학에서 이 공리는 앞서 언급한 것처럼 선호관계에서도 수의 크기와 같은 관계가 성립된다고 보았다. 즉 숫자 a가 b보다 크고, b가 c보다 크면, a가 c보다 크다는 것이다. 트버스키는 선호 관계에서는 이러한 관계가 항상 성립하지는 않는다는 것을 사람들의 실제 선택행동을 통해 보여주었다.

그가 박사학위를 받은 미시간 대학은 현재까지도 판단과 의사결정 분야에서 활동하고 있는 연구자들을 상당수 배출한 곳이다. 트버스키는 그곳에서 수리심리학과 측정 이론을 공부했고 이에 대한 책 몇 권을 쓰기도 했다. 그리고 단독으로 발표한 논문 〈유사성의 특징^{Features of Similarity}〉(1977)에서는 사람들이 어떻게 두 사물이 비슷하다고 생각하는지에 대한 이론을 소개하고 있는데, 이 이론은 현재까지도 널리 받아들여지고 있다. 카너먼의 박사학위 논문인 〈의미분별법의 분석적 모델^{An Analytical Model of the}

Semantic Differential〉(1961)에서 그가 제시한 의미분별법은 어떤 대상에 대해 사람들이 어떻게 생각하는지를 형용사 쌍을 가지고 측정하는 평가 방법 중의 하나다. 그의 초기 연구는 '주의attention'에 대한 것으로 1973년에는 자신의 주의 이론을 담은 책을 발간하기도 했다.

선택과 판단에 대한 이 둘의 본격적인 연구는 박사학위 취득 후 헤브루 대학에서 가르칠 때 만난 다음부터 시작되었다. 이들의 주된 공헌은 선택과 판단 두 분야로 나누어볼 수 있는데, 판단 휴리스틱과 편향에 대한 연구는 1974년 《사이언스Science》에, 선택에 대한 이론은 1979년 수리경제학의 대표 저널 《이코노메트리카Econometrica》에 발표되었다. 그것은 이들의 연구가 심리학자뿐만 아니라 다른 분야의 연구자들에게도 알려지는 데 중요한 역할을 했다. 카너먼과 트버스키는 모두 수학에 능하여 규범적 경제학 이론의 대안으로 자신들의 기술적 선택 이론을 수리 모델로 제시했다. 그 과정에서 경제학자들과 같은 표현 수단을 사용한 것이 경제학계의 관심을 끄는 데 결정적인 역할을 한 것으로 보인다. 특히 카너먼과 트버스키의 선택 이론은 경제학자인 리처드 세일러Richard Thaler, 1945~가 행동경제학behavioral economics 분야를 만드는 데도 기여했다.

이들의 이론은 심리학뿐만 아니라 경제학, 경영학, 철학, 사회학, 행정학, 법학, 의학 등 다방면에 영향을 미쳤다. 판단과 의사결정 심리학은 인지심리학의 세부 분야이지만, 인지심리학의 다른 분야에 비해서는 학제적인interdisciplinary 성격이 강한 편이다. 1970년대에 발표된 이들의 주요 연구 업적은 1980~1990년대를 지나며 더욱 확산되고 정교해졌다.

1990년대 이후에도 이들의 공동연구는 지속되지만 가끔씩은 논문을 따로 발표하기도 했다. 카너먼은 선택과 판단의 인지적인 측면뿐 아니라 정서적인 측면에도 관심을 가졌는데, 고통이나 즐거움과 같이 정서를 수반한 과거의 경험이 후에 인지적으로 어떻게 기억되는지에 대해 연구했다. 이 주제에 관심을 갖게 된 것은 이전 경험을 어떻게 기억하느냐에 따라 그것이 미래의 선택에 영향을 미칠 수 있기 때문이다. 이에 대한 자세한 내용은 후에 소개하기로 하고, 여기에서는 정서 경험의 통합과 요약에도 휴리스틱한 방법이 사용된다는 것만 언급하기로 하자.

최근에 카너먼은 삶의 질에 대한 연구를 수행하고 있는데, 삶의 질을 측정하는 문제 또한 경제학자들이 관심을 가지고 있는 주제다. 그는 기존에 사용하고 있는 삶의 질 측정 방법, 즉 사람들한테 삶이나 일, 또는 가정생활에 대한 전반적인 만족도를 하나의 수치로 평가하는 대신, 하루를 구성하는 일상적인 활동을 일기처럼 쓴 후 각각을 평가해 삶의 질을 파악하는 방법 DRM, Day Reconstruction Method 을 제안한다. 재미있는 결과는 이 방법으로 개인이 보고한 일상생활의 정서 반응은 그 개인의 일반적인 상황(예를 들면, 수입이나 교육 정도, 결혼이나 이혼 여부 등)과는 별로 상관이 없었다는 것이다. 2004년 그의 한 연구 결과를 살펴보면, 전반적인 삶의 만족도를 측정하는 경우 이혼녀보다는 결혼생활을 하는 여자들이 더 만족스러워한다고 보고했다. 그러나 일상생활에서 순간순간 느끼는 정서는 비록 큰 차이는 아니지만, 이혼녀들이 더 긍정적인 것으로 나타났다. 이는 이혼녀들이 실제 자신의 삶에서는 그리 부정적인 정서를 느끼지 않으면서도 이혼했다는 사실 때문에 자신의 삶이 그리 만족스럽지 않다고 평가한다는 것을 보여준다.

인지적인 측면이든 정서적인 측면이든 카너먼 연구의 큰 흐름은 인간의 판단이 상당 부분 휴리스틱한 정보처리에 의존한다는 것이다. 그리고 그 결과로 확률판단의 경우 규범적 이론이 제시하는 것에서 벗어난 편향을 보이거나 정서적 정보처리의 경우에도 약간의 비합리성을 보인다. 카너먼은 지금까지도 왕성한 연구 활동을 하고 있어 삶의 질에 대한 연구에서 앞으로 또 어떤 결과를 가지고 우리의 상식을 뒤엎을지 기대된다.

→ 만남 2

완벽한 선택이냐, 합리적 선택이냐

1950년대 이전에 사이먼은 주로 조직의 관리나 경영·행정 문제에 관심을 가져, 조직을 이해하려면 그 안에서의 의사결정 과정을 이해하는 것이 중요하다고 생각했다. 실제로 사이먼 이전에는 조직과 의사결정의 문제를 결부시켜서 생각한 사람이 그리 많지 않았다. 그는 조직 관리는 '어떤 일을 성사시키기 위한 기술'이라고 생각했고, 일을 성사시키기 위해서는 구체적인 행동과 그 행동을 이끌어내기 위한 결정이 필요하다고 보았다. 따라서 어떤 조직의 구조와 기능을 이해하기 위해서는 그 안에서 일하는 사람들의 의사결정과 행동이 조직 안에서, 그리고 조직에 의해 영향을 받는 방식을 이해해야 한다고 보았다.

그는 **결정**^{decision}과 **선택**^{choice}을 혼용해서 사용했는데, 이 두 단어가 일상적 의미에서 자기의식적이고 계획적이며 합리적인 선별^{selection}만을 포함하는 것이 아님을 밝히고 있다. 그는 **의사결정**

decision-making이라는 단어를 제안하기도 했는데, 이 단어들에는 의식적, 무의식적, 합리적, 비합리적인 모든 선택이 포함되어 있다. 그는 의사결정이란 '선택할 수 있는 모든 대안들 가운데에서 하나의 행동을 실행하기 위해 하나의 대안이 선택되는 과정'이라고 정의 내리고 있다. 즉 한 대안을 선택하는 것은 나머지 가능한 대안들을 포기하는 것을 의미한다.

사이먼은 인지적 요소를 강조한 행동주의 심리학자인 에드워드 톨먼Edward C. Tolman, 1886~1959의 영향을 받아 인간의 행동을 이해하는 데 핵심 요소가 목적 지향성purposiveness에 있다고 보았다. '목적'이란 '유기체가 여러 행동 대안들 중 하나를 선택하는 것'으로 조작적 정의operational definition◆를 내릴 수 있다. 그리고 선택된 행동 대안이 그 유기체의 목표를 달성하는 데 도움이 되는 한 그 행동은 합리적이라고 보았다. 또한 모든 결정은 타협 또는 절충의 요소를 가지고 있다고 생각했는데, 이는 선택한 대안이 자신의 목표를 완전하게 이루어주는 경우는 거의 없고, 대부분 자신이 처한 상황에서 취할 수 있는 최선의 선택인 경우가 많기 때문이다.

사이먼은 특히 이러한 목적과 결정이 위계적으로 구성되어 있다고 보았다. 이는 조직의 목적을 달성하기 위해 일련의 결정을

◆◆◆ 조작적 정의

추상적인 개념을 실제로 측정하거나 관찰할 수 있는 개념, 즉 조작이 가능한 개념으로 다시 정의 내리는 것이다. 예를 들어, '배고픔'은 '음식물이 결핍된 시간'으로 조작적 정의를 내릴 수 있다.

내리고 실행하는 과정 자체, 즉 조직 자체가 위계적으로 구성되어 있기 때문이다. 예를 들어, 제조공장을 생각해보자. 실제로 행동으로 제품을 만들어내는 사람은 생산 라인에 있는 노동자들이다. 이들은 하루에 할당된 양의 제품을 하자 없이 만들어내는 것이 목적이며, 하루에 얼마만큼을 만들어내야 하는지는 중간 단계의 관리자가 결정한다. 관리자의 결정은 다시, 공장을 운영하려면 어느 정도의 이윤을 내야 하는지에 대한 최고경영자의 목표에 따라 이루어지게 된다. 이처럼 상위 단계의 목표를 달성하기 위한 구체적인 결정은 한 단계 아래 조직 구성원들의 목표가 된다. 이 목표를 이루기 위해 다시 구체적인 결정이 이루어지는데, 이런 과정이 조직의 맨 아래 단계에 이를 때까지 반복된다. 사이먼은 결정에 관해 사실^{fact}과 가치^{value}를 구분하는데, 조직의 상층에서는 가치를 포함한 결정이 많고 아래로 내려갈수록 사실에 대한 결정이 많아진다고 보았다. 이와 같이 위계^{hierarchy}는 사이먼에게 중요한 개념이었다. 이는 조직과 관련해서만이 아니라, 문제 해결자로서의 인간이나 컴퓨터같이 복잡한 시스템에 대한 이후의 연구에서도 마찬가지로 나타난다.

어떤 선택이 합리적인가?

조직에서의 실제 의사결정 과정을 살펴보기에 앞서, 어떤 결정이 합리적인가에 대한 사이먼의 이상적인 견해를 소개하고자 한다. 이것은 경제학적 합리성(사이먼은 이것을 '객관적 합리성^{objective}

rationality'이라고 불렀다)과 비슷한 것처럼 보이지만, 비유하자면 사이먼의 견해가 더 현실적이며 피와 살로 이루어진 인간의 실제 모습에 가깝다고 하겠다.

우선 사이먼이 왜 이토록 '합리성'에 집착하는지 그 배경을 먼저 알아보자. 그는 사회과학자들이 합리성을 다루는 데 있어 일종의 정신분열 증상을 보인다고 말한다. 즉 합리성에 대해 통합된 의견을 갖기보다 양극단으로 분열된 양상을 보인다는 것이다. 그 한쪽 극에는 경제학자들이 있다. 이들은 '경제적 인간'에게 전지적 합리성을 부여한다. 경제적 인간은 완전하고 일관된 선호체계를 가지고 있어, 자신에게 열려 있는 모든 대안에 대해 완전한 지식을 가지며 어떤 대안이 최상인지 결정하는 데 복잡한 계산이나 확률 등이 전혀 문제되지 않는다. 반면 다른 쪽 극단에는 사회심리학자들이 있는데, 이들은 모든 인지를 정서의 영향하에 놓는다. 똑같은 동전이 부자 아이들보다 가난한 아이들에게 더 크게 보인다든가, 집단의 압력으로 실제 자신이 경험한 것과는 다른 것을 마치 자신도 경험한 것처럼 보고하게 할 수도 있음은 이미 실험을 통해 입증되었다. 또한 이들은 프로이트 Sigmund Freud, 1856~1939의 영향을 받아 인간이 우리가 생각하는 것처럼 합리적이지 않다는 것을 보여주기에 바빴다. 이런 극단적인 견해 속에서 사이먼은 실제 인간의 행동에 근거한 합리성 개념을 제시하고자 했으며, 그것을 조직의 의사결정에서 살펴볼 수 있다고 생각한 것이다.

사이먼은 위계적으로 구성되어 있는 일련의 결정을 **대안** alternatives과 **결과** consequences로 개념화했다. 행동을 하려는 인간 또는 그러한 인간으로 구성된 조직의 매 순간에는 여러 행동 대안들이 제시되는데, 이러한 대안들의 일부는 의식되기도 하고 의식되지 않기도 한다. 결정이나 선택은 이렇듯 각 행동의 순간에서 여러 가능한 대안들 중 하나를 실행하기 위해 하나의 대안을 선별하는 과정이다. 어떤 행동을 하기 위해 시간을 두고 일어나는 일련의 결정을 그는 **전략**strategy이라고 불렀다. 가능한 전략 중 하나가 선택되고 실행되면 이로부터 어떤 특정한 결과가 나타나게 되는데, 합리적인 결정이란 자신이 보다 선호하는 결과를 가져올 수 있는 전략을 선택하는 것이라고 볼 수 있다. 그러므로 결정은 다음의 세 단계로 일어난다.

> **1단계** 가능한 모든 전략 대안의 열거
> **2단계** 각 전략으로부터 나타날 수 있는 모든 결과에 대한 고려
> **3단계** 고려된 결과에 대한 비교 평가

사이먼은 여기에서 '모든'을 조심스럽게 사용해야 한다고 말한다. 여기에서의 '모든'은 말 그대로 '모든 것'을 의미하지 않는다. 사이먼은 개인이 실제로 모든 대안과 모든 결과를 아는 것은 불가능하다고 보았으며, 이러한 불가능성이 바로 경제학적 합리성과 자신의 관점 차이라고 강조한다.

실제로 한 전략의 선택은 이후의 선택에 영향을 미치게 되는데 사이먼은 이를 '시간의 구속력'이라고 표현했다. 즉 이미 선택된 것들이 나머지 대안의 선택 가능성을 좁혀놓는다는 것이

다. 사이먼이 언급한 예를 들면, 의사가 되기 위해 7년간 공부하고, 10년 이상 일을 한 사람의 경우 대개 의사로 남을지 다른 일을 선택할지를 더 이상 고민하지 않는다는 것이다. 즉 그가 과거에 선택한 전략을 추구하면서 지금까지 해온 투자로 인해 다른 직업이라는 대안들은 그에게 실질적으로 닫혀 있다는 것이다. 이렇듯 매 순간 개인이 고려해야 하는 대안의 수는 그의 이전 결정으로 인해 상당히 줄어들어 있는데, 이는 합리적인 결정을 내리기 위해 필요한 조건이라고 보았다.

또한 우리가 가지고 있는 지식^{knowledge}은 가능한 결과의 범위를 한정시켜주므로 이것 또한 합리적인 결정에 강력한 도움이 된다고 보았다. 예를 들어, 주식 투자를 하는 경우 수많은 종목 가운데 어떤 종목을 살 것인지를 결정하는 일은 매우 어렵다. 그럴 때 현재 우리나라나 세계의 경제가 어떻게 돌아가고 있는지에 대한 지식은 유망한 종목과 그렇지 않은 종목에 대한 정보를 제공해 선택의 폭을 줄여줄 수 있다. 의사결정 과정에서 지식의 기능은 특정한 대안 전략으로부터 어떠한 결과가 나타날지 판단하는 것이다. 모든 가능한 결과로부터 보다 제한된 부분집합, 그리고 보다 이상적으로는 각 전략과 관련 있는 하나의 결과 집합을 선별하는 것이 지식의 과제라고 보았다.

그러나 실제로 사람들은 자신이 선택한 행동의 정확한 결과를 알기가 어렵다. 만약 사람들이 그렇게 할 수 있다면, 이는 거꾸로 결과에 따라 행동을 하는 것이 된다. 즉 어떤 행동으로 결과가 초래되는 것이 아니라 결과로 인해 행동이 선택되는 것이다. 실제로 사람들은 미래의 결과에 대한 예측^{expectations}을 하는데, 이러한 예측은 이미 알려진 사물들 사이의 경험적인 관계와 현 상황에 대한 지식에 뿌리를 두고 형성된다고 본 것이다. 사물들 사이의 규칙성을 나타내는 경험적인 법칙들은 예상할 수 있는 결과를 상대적으로 적은 범위로 한정시킴으로써 선택의 문제를 훨씬 간단하게 만들어준다. 일례로, 유가가 오르면 어떤 종목의 주가가 오르는지 알고 있고, 현재 유가가 오르는 상황이며 정치적인 이유로 당분간 고유가 시대가 지속될 것이라고 예측한다면, 어떤 종목에 투자해야 할지가 분명해진다.

의사결정의 세 번째 단계는 가능한 결과들을 비교, 평가하는 과정으로, 다르게 표현하면 결과에 대한 선호를 결정하는 과정이라고 볼 수 있다. 사이먼은 이를 가치 평가^{valuation}라고 부르기도 했다. 합리적인 행동이란, 나타날 수 있는 결과에 대한 선호의 순서를 정하고 그중 가장 선호도가 높은 결과를 가져오는 전략을 선택하는 것이다. 이러한 평가는 가치 자체의 실현과 관련되어 있다고 알려진 가치의 지표로써 대안들을 측정하는 것이다. 예를 들어, 만원 지하철이나 버스에 시달리지 않고 보다 편안하게 출퇴근하기 위해 차를 산다고 가정해보자. 편안함 또는 안락함을 얻기 위해 어떤 차를 사야 할까? 이럴 때 차의 가격은 편안한 정도를 알려주는 지표가 될 수 있다. 일반적으로 소형에서 중형, 중형에서 대형으로 갈수록 승차감이 좋아지고 차의 가격도 비싸지기 때문이다. 이런 사실에 대한 정보는 '편안함'이라는 다소 주관적이고 모호한 가치를 완전히 파악하지 않고도 가격이라는 지표로 평가할 수 있게 한다. 이는 가치평가와 관련해서도 사실적인 정보가 필요함을 보여주며, 의사결정에서 사실과 가치가 명확하게 구분되기 어렵다는 것을 잘 보여준다.

사이먼은 그의 저서 《관리행동론 Administrative Behavior》(1947)에서 조직의 의사결정에 초점을 두었지만, 이 장에서는 조직 이론에 대한 지식보다는 개인의 의사결정에 초점을 맞추어 그의 이론을 소개했다. 위의 내용을 조직에 적용하는 경우, 큰 차이는 없지만 문제가 더 복잡해지거나 단순해지는 측면이 있는데, 이 부분만 간단히 언급하고자 한다. 복잡해지는 측면은 자기 행동의 결과 뿐 아니라 다른 사람에게 미치는 영향, 그리고 다른 사람이 취한 행동의 결과가 나에게 미치는 영향을 고려해야 한다는 것이다. 타인의 결정과 행동의 결과에 대한 고려는 그 관계가 경쟁적인지, 아니면 협조적인지에 따라 또 달라진다. 사이먼은 기본적으로 조직을 협조적인 행동 시스템으로 보았다.

반면, 단순해지는 측면은 시간의 구속성과 지식을 통해 '고려되어야 할 대안'과 '가능한 결과'의 범위가 줄어든다는 것과 조직은 개인에게 그가 소속된 조직의 목표와 그 목표 달성에 필요한 적절한 정보를 주는 심리적 환경을 제공한다는 것이다. 그럼으로써 고려되어야 할 대안과 가능한 결과에 대한 경계를 지어주어 결정 상황을 단순화시킨다.

합리적 선택은 어려워

이제 실제 인간의 의사결정에서 나타나는 심리적 특성들에 대해 알아보자.

먼저 합리성의 제한 요인으로 지식의 불완전성, 예측의 어려움, 행동 가능성의 현실적 범위를 들 수 있다. 첫째로 지식의 불완전성을 알아보자. 객관적 합리성에서는 완전한 지식을 가정하지만, 이는 실제와는 전혀 다르다. 인간은 자신의 행동을 둘러싸고 있는 조건들에 대해 단지 부분적인 지식을 가질 뿐이고 자신의 현재 상황에서 미래의 결과를 연결하는 인과적 규칙성이나 법칙에 대해서도 약간의 통찰을 할 뿐이다. 인과법칙에 대한 좀 과장된 예로 사이먼이 언급한 것을 살펴보자.

한 통계학자가 영국의 여러 시골 지역에서 나이 든 독신 여성의 수와 시골에서 방목하는 가축들의 주요한 먹이인 토끼풀 수확 사이에 높은 상관관계를 발견하였다. 그가 한동안 고민을 한 후 생각해낸 인과 고리는 다음과 같다. 나이 든 독신 여성들은 대개 고양이를 키우고 고양이는 들쥐를 잡아먹는다. 들쥐는 벌의 천적이고, 벌은 토끼풀 꽃에 옮겨 다니며 수정시키는 역할을 한다. 따라서 나이 든 독신 여성이 많으면 들쥐는 줄어들고 벌이 많아져 그 지역의 토끼풀 수확이 늘어나게 되고, 독신 여성의 수가 적으면 수확이 줄어들게 된다. 이러한 인과 고리로 인해 독신자 수를 줄이기 위해 결혼을 하면 장려금을 주는 법률을 통과시킬 때 그 법률이 시골의 지역 경제에 결정적인 영향을 미치는 토끼풀 수확에 어떤 영향을 미치는지 자세히 평가해야 한다고 하자. 이러한 고려가 여러분에게는 현실적으로 들리는가?

실제 의사결정에서는 이처럼 복잡한 인과 고리에 따른 결과는 무시되어야 하며, 원인과 시간에 아주 근접해서 연결되어 있는 요인들만 고려할 수 있다. 따라서 의사결정자는 가능한 전체 세계에서 한정된 수의 원인과 결과들만을 포함하는 폐쇄된 시스템을 구축하고, 그 안에서만 합리적으로 행동할 수밖에 없는 것이다.

둘째 요인은 예측의 어려움이다. 행동의 결과는 대개 미래에 나타나게 되므로 우리는 상상력을 발휘해 그 결과의 주관적 가치, 즉 우리가 그것에 대해 어떻게 느끼게 될지를 예측해야 한다. 그러나 이는 정확하게 예측하기 어렵다. 그러므로 가치평가는 정확성이나 일관성에서 한계가 있다. 특히 이러한 한계는 '위험을 수반한(또는 불확실한)' 대안의 평가에 큰 영향을 미칠 수 있다. 과거에 그런 경험을 해서든 아니면 다른 이유에서든, 불확실한 대안에서 손실을 경험하는 상상을 생생하게 하면 할수록, 사람들은 수반된 위험을 부정적으로 평가하게 된다. 그런데 이러한 평가는 손실의 가능성, 즉 그 확률을 높게 평가해서라기보다는 손실의 결과를 그냥 피하고자 하는 욕망 때문에 나타나는 것일 수 있다. 이러한 태도는 핵 폐기물 처리장 유치에 대한 지역주민과 정부의 갈등에서도 잘 나타난다. 정부는 전문가의 의견을 구해 이런 시설에 이상이 생길 확률이 낮으므로 위험하지 않다고 설득하는 반면, 주민들은 확률보다는 이상이 생기면 나타날 재난의 가능성 때문에 그 시설이 위험하다고 생각하고 기피하게 된다. 이는 실제로 폴 슬로빅 Paul Slovic, 1938~ 의 1978년과 1980년의 연구를 통해 입증되었다. 위험을 지각하는 데 있어 전문가는 연간 사망률에 근거해 판단을 하는 반면, 일반인들은 재난의 가능성에 따른 두려움과 위험에 대한 지식 여부로 어떤 대상의 위험 요소를 판단했다.

미래 결과에 대한 상상력의 부재는 가능한 행동 대안을 떠올리는 데도 마찬가지로 나타난다. 한순간에 떠오르는 대안들은 모든 가능한 대안들의 극히 일부분인 경우가 많다.

셋째로 목적 지향적인 행동, 즉 행동 가능성과 관련된 심리적 특성들로 학습 가능성, 기억, 습관, 주의, 행동 지속성 등이 있다. 학습 가능성^{docility}의 사전적 의미는 '가르치기 쉬움, 유순함, 다루기 쉬움'으로 톨먼이 제안한 개념이다. 톨먼은 특정 목표를 달성하기 위해 취한 행동이 원하는 목표 상태로 이끌어주지 않을 경우 가능한 다른 행동이나 경로를 취하는 행동 특성을 가리키기 위해 이 개념을 사용했다. 여기서는 이것을 '학습 가능성'으로 번역해보았다. 인간의 행동은 목적 지향적이며, 발달 과정에서 자기 행동의 결과를 관찰하게 되고, 원하는 목적을 달성하기 위해 행동을 조절하게 된다. 즉 학습 가능성이란 탐색 과정을 거쳐 환경에 적응해가는 과정이라고 볼 수 있다.

이런 학습 가능성은 동물과 인간 모두에게서 나타나지만 차이점도 있다. 동물의 경우에는 대개 시행착오$^{trial\ and\ error}$를 거쳐 일어나지만 인간은 직접적인 경험뿐만 아니라 간접적인 관찰, 다른

◆◆◆ **폴 슬로빅**

미국 오리건 대학의 심리학과 교수로, 의사결정연구단Decision Research Group의 회장을 역임했다. 슬로빅은 카너먼, 트버스키, 길로비치 등과 공동으로 휴리스틱 심리학을 연구했고 《불확실한 상황에서의 판단·추단법과 편향》(1982)을 비롯하여 많은 저작을 내놓았다.

인간과의 의사소통, 그리고 규칙성을 발견할 수 있는 능력으로 인해 학습 과정이 훨씬 단축되어 나타난다.

기억^{memory} 역시 중요한 역할을 하는데, 현재에 이전과 비슷한 문제가 생겼을 경우, 이전 문제와 관련해서 찾았던 정보와 해결책 등을 이용할 수 있게 하는 것이 바로 기억이다. 사이먼은 기억을 단순히 우리 마음속에 저장해놓은 것으로만 한정시켜 생각하지 않고 인공적인 기억의 중요성도 강조했다. 특히 조직의 경우 이러한 인공적인 기억, 즉 도서나 파일, 여러 문서와 기록 등이 중요하다고 보았다. 그리고 자연적인 것이든 인공적인 것이든 기억이 유용하기 위해서는 필요할 때 그 기억에 접근할 수 있는 색인^{indexing} 메커니즘이 중요하다고 보았다.

습관은 목적 지향적인 행동을 큰 정신적 비용 없이 시작하고 지속하게 하는 데 중요하다고 보았다. 즉 비슷한 상황이 나타날 때마다 적절한 행동을 선택하기 위해 의식적으로 사고하지 않고 비슷한 반응을 할 수 있도록 하면서 상황의 새로운 측면에 주의를 돌릴 수 있도록 한다는 것이다. 실제로 운동선수나 소방관, 군인 등과 같은 사람들을 지속적으로 훈련시키는 목적도 빠르게 변화하는 상황에서 즉각적인 반응을 보일 수 있는 습관을 형성하도록 하는 데 있다고 볼 수 있다. 우리는 일상적으로 합리적인 사고란 행동하기에 앞서 의식적인 사고를 위해 시간을 갖는 것이라고 생각하지만, 항상 그런 것은 아니다. 때로는 주저함 없이 즉각적인 반응을 보이는 것이 필요할 때도 있다. 자극에 의해 습관적인 반응이 일어난 행동은 비록 의식적인 사고하에서 이루어지는 행동이 아니더라도 목적하는 바를 이루게 한다는 측면에서 합리적이라고 보았다.

그리고 주의는 이미 학습된, 또는 관련된 자극에 집중할 수 있도록 하는 역할을 한다. 사이먼은 윌리엄 제임스$^{William\ James,}$ $^{1842~1910}$●와 톨먼의 '주의' 개념을 사용했는데, 이는 많은 자극 중 하나 또는 일부에 선별적으로 반응할 수 있는 것을 가리킨다. 따라서 의사결정도 특정한 방향으로 주의를 끄는 자극에 의해 그 과정이 시작될 수 있으며, 자극에 대한 반응은 일부 사고를 통해 결정되겠지만 상당 부분은 습관에 의해 결정된다고 보았다.

예를 들면, 경영자들의 의사결정도 비슷한 양상을 보인다. 처리해야 할 일들이 많고 그들의 주의를 끄는 자극도 많은 가운데 어디에 주의를 두느냐는 그 시점에서 어떤 자극이 제시되느냐에 상당한 영향을 받을 수 있다. 그리고 경영자의 주의를 끈 자극은 이미 그가 도달하게 될 결론에도 큰 영향을 미치게 되는데, 그 자극 자체가 다른 가능성보다 특정 측면으로 주의를 유도하기 때문이다. 의사결정 순간 어떤 자극이 경영자의 주의를

◆◆◆ **윌리엄 제임스**

생리학, 심리학 분야를 거쳐 실용주의 철학의 근간을 만든 미국의 철학자. 《심리학의 원리The Principles of Psychology》(1890)에서는 의식이 정적인 것이라는 과거의 개념을 탈피했고, 《프래그머티즘Pragmatism: A New Name for Some Old Ways of Thinking》(1907)에서는 관념 자체가 참인지 거짓인지를 떠나 그것을 믿는 사람에게 효과가 있다면 그런 한에서 그것은 진리라는 설을 주장했다. 실용주의에 대한 이런 논리는 미국 철학과 종교계에 큰 영향을 미쳤다.

합리성 제한 요인

- 지식의 불완전성
- 예측의 어려움
- 행동가능성 ─┬─ 학습 가능성
　　　　　　　├─ 기억
　　　　　　　├─ 습관
　　　　　　　├─ 주의
　　　　　　　└─ 행동 지속성 ─┬─ 매몰원가
　　　　　　　　　　　　　　　├─ 완결된 방향으로 이끄는 주의
　　　　　　　　　　　　　　　└─ 시작 비용

 끄느냐가 결과에 영향을 미친다는 것은 매우 우연적인 요소에 의해 조직의 중요한 결정이 이루어진다는 말처럼 들릴 수 있는데, 여기에서 사이먼은 심리적 환경의 중요성을 강조한다. 즉 조직의 경우 경영자를 둘러싸고 있는 '조직'이라는 환경으로 인해 경영자의 주의를 끄는 자극의 종류가 조직의 목표와 관련된 것으로 구성된다는 것이다.

 습관이나 주의로 인해 유발된 행동은 일정 기간 지속되는데, 이러한 행동 지속성은 세 가지 이유에서 나타난다고 보았다. 하나는 앞에서도 언급했던 시간의 구속력으로 '매몰원가$^{sunk\ cost}$'라고도 표현한다. 즉 과거에 이미 투자한 비용(시간, 노력, 돈 등)으로서, 그 비용이 산출되기 전까지는 그 행동을 그만두기가 어렵다는 것이다. 둘째 이유는 행동 자체가 그것이 지속되고 완결되는 방향으로 주의를 끄는 자극을 제공하기 때문이다. 마지막으로는 매몰원가와 관련된 것으로 '시작 비용$^{make\text{-}ready\ cost}$'이라고 이름 붙일 수 있다. 어떤 과제나 행동을 하기 위해서는 준비 과정이 있을 수 있으며, 이미 특정 행동을 위한 준비를 한 경우에는 다른 것으로 바꾸기가 쉽지 않다는 것이다.

그렇다면 위에 열거한 다양한 심리적 특성으로 나타나는 행동 패턴을 어떻게 통합해 목적 지향적 행동을 할 것인가? 사이먼은 다음과 같은 세 단계를 제안한다.

첫째 단계로 개인(또는 조직)은 자신의 활동에 방향을 제시해줄 가치와 그 가치를 얻기 위해 사용할 전반적인 방법, 그리고 결정을 실행하는 데 필요한 지식과 기술, 정보에 대한 광범위한 결정을 내린다. 이 과정은 보다 '핵심적 계획 substantive planning'이라고 볼 수 있다. 둘째 단계는 '절차적 계획 procedural planning'으로 '결정의 심리적 환경을 구축하는 과정'이라고 볼 수 있다. 즉 핵심 계획에 맞게 구체적인 일상의 결정을 내릴 수 있도록 관련 정보와 지식을 걸러내고 주의를 이끌 메커니즘을 디자인하고 수립하는 것이다. 셋째는 첫째 단계와 둘째 단계에서 구축된 구조에 맞는 일상의 결정과 활동을 통해 계획을 실행하는 것이다.

'제한된 합리성'에서 '최소만족' 찾기

앞서 소개한 의사결정자로서 인간의 심리적 특성은 대부분 사이먼의 경험과 통찰에서 나온 것이었다. 그런데 이런 특성들은 1950년대 이후 인지심리학이 괄목할 만한 성장을 하면서 경험적인 연구를 통해 대부분 입증되었다. 인지심리학이란 인간의 지각, 기억, 언어, 판단과 의사결정 등을 포함한 사고 과정을 연구하는 심리학의 한 분야다. 따라서 이러한 심리적 특성에 근거를 둔 인간의 의사결정에 대한 사이먼의 관점이 현실적으로 타당한 개념이라는 주장은 점차 힘을 얻게 되었다.

사이먼의 의사결정론은 대략 두 단어로 요약된다. '제한된 합리성bounded rationality'과 '최소만족satisficing'이 그것이다. 이 개념들은 1942년 그의 박사학위 논문에서부터 논의되기는 했지만 이 용어가 처음부터 사용된 것은 아니다. '제한된 합리성'의 경우 1957년에 발표한 그의 저서 《인간 행동의 모델Models of Man》에서 처음 사용되었고, '최소만족'은 영어의 satisfy(만족하다)와 suffice(충분하다)를 결합시켜 그가 만든 용어로 1956년 심리학 학술지에 발표한 논문 〈합리적 선택과 환경의 구조Rational Choice and the Structure of the Environment〉에서 소개되었다. 특히 이 논문은 사이먼과 그의 의사결정론을 심리학계에 널리 알리는 역할을 했다. 이 논문과 아울러 1955년 경제학 학술지에 발표된 〈합리적 선택의 행동 모델A Behavioral Model of Rational Choice〉은 《인간 행동의 모델》에 다시 수록되었는데, 이 두 논문은 사이먼의 합리적 선택 이론에 대한 핵심적인 업적이라고 볼 수 있다.

'제한된 합리성'은 경제학의 객관적 합리성에 대해 보다 현실적이며 인간의 실제 모습에 가까운 사이먼의 합리성 개념을 요약한 표현이다. 사이먼은 개인의 심리적 특성과 한계를 고려해 기존의 경제학적 합리성 개념에 근본적인 변화를 가져와야 한다고 보았다. 그는 선택을 하는 유기체는 경제학자들도 인정한 외부 제약 조건에 의해서뿐만 아니라 내적인 제약 조건에 의해서도 한계를 갖는다고 보았다. 특히 계산 능력의 한계는 유기체로

◆◆◆
사이먼의 제한된 합리성에 따르면 인간을 포함한 유기체의 행동은 단순한 이분법을 따르는 경우가 많다. 따라서 상대편을 가장 좋은 방식으로, 또는 가장 효율적인 방식으로 이길 필요는 없이 단지 이길 가능성이 있는 수 중 하나만 고르면 되는 것이다.

하여금 선택 환경을 단순화시키도록 한다. 그 결과 유기체는 실제 상황을 다루기 위해 단순화된 모델을 구축하게 되는데, 그 유기체의 행동을 이해하고 예측하려면 단순화된 모델이 구축된 방식을 이해할 필요가 있다. 단순화된 모델에서 가장 중요한 것은 간단한 결정함수다. 이는 가능한 모든 결과의 효용을 비교해 정확하게 순서대로 나열하는 대신, 결과를 단순히 만족스러운지 그렇지 않은지로 판단하는 것이다. 인간을 포함한 유기체의 행동은 이처럼 단순한 이분법을 따르는 경우가 많다. 예를 들어, 유기체는 환경에 적응하고 살거나 아니면 죽는다. 또 게임에서는 이기거나 진다. 사이먼이 좋아하는 서양 장기 체스를 예로 들면, 체스를 두는 사람은 상대편을 이기기만 하면 된다. 상대편을 가장 좋은 방식으로, 또는 가장 효율적인 방식으로 이길 필요는 없는 것이다. 따라서 다음 수를 고르는 데 있어서도 최선의 것을 고를 필요는 없다. 단지 이길 가능성이 있는 수 중 하나만 고르면 되는 것이다.

이러한 단순화는 유기체가 해야 할 계산의 양을 극적으로 줄여준다. 유기체는 가능한 행동에 대해 간단한 테스트를 하면 되고 그중 첫 번째로 통과한 대안을 수용하면 되는 것이다. 이 테스트에서 수용하느냐 버리느냐의 기준이 되는 것은 갈망수준aspiration level이고 이 수준은 특정 상황에서 무엇이 만족스러운지를 재정의하는 데에 따라 올라가거나 내려갈 수 있다. 이처럼 인간은 자신의 효용을 '극대화'하는 선택을 하기보다는 '만족스러운' 대안을 선택한다.

'제한된 합리성'과 '최소만족'은 그의 선택 이론 가운데 핵심이며, 사이먼 이후 의사결정에 대한 심리학 연구의 기본 관점을 이루게 된다. 다음 장에서는 사이먼과 뉴얼의 문제해결에 대한 연구에 관해 알아보고자 한다. 그리고 그들의 연구에서 '제한된 합리성'이란 개념이 어떠한 방식으로 다시 나타나는지 살펴보도록 하자.

← 만남 3

문제해결을 위한 인간의 '시스템'

사이먼의 연구는 1950년대 초반에 큰 변화를 겪는다. 1장에서 언급했듯이 '시스템'에 대한 연구라는 점에서는 같지만 연구방법이나 영향을 미치는 분야에 큰 변화가 온 것이다. 이 변화의 중심에는 뉴얼과의 만남, 디지털 컴퓨터의 등장이 있었다. 2장 끝 부분에서 언급한 사이먼의 선택 이론에 대한 두 논문에서도 이러한 변화가 감지된다. 그것은 선택의 문제를 의사결정에서 문제해결 과정으로 재정의하는 것이다. 선택의 목표가 '최선의 결정을 하는 것'에서 '실현 가능한 해결책을 찾는 것'으로 옮겨간 것이다. 본 장에서는 사이먼이 뉴얼과 함께 수행한 문제해결에 대한 연구를 소개하고자 한다. 이에 앞서 이들의 연구가 영향을 미친 컴퓨터공학과 인지심리학을 아우르는 학제 간 분야인 인지과학의 출현에 대해 먼저 알아보자.

인지과학의 탄생

인지cognition는 인간의 지적인 능력을 가리킨다. 다양한 자극을 지각하고 언어를 사용하며, 기억하고 생각하고 판단하고 결정하는 등 인간을 인간답게 만드는 모든 지적인 활동을 '인지'라고 볼 수 있다. 인지과학이란 말 그대로 인지 현상을 과학적인 방법으로 연구하는 분야로서 인간의 인지뿐 아니라 넓은 의미의 인지까지 다룬다. 즉 지적인 작용을 하는 인공물(대표적인 예로 컴퓨터를 들 수 있다)이나 환경에 확장되어 있는 인지도 관심의 대상이 된다. 앞서 학제 간 분야라고 했는데 철학, 인지심리학, 컴퓨터공학, 신경과학, 언어학이 가장 핵심적인 분야라고 볼 수 있다.

인지과학의 공식적인 탄생은 1956년 9월 11일, 정보 이론에 대한 심포지엄에서 이루어졌다. 이 심포지엄의 발표자는 사이먼과 뉴얼, 정보학자인 클로드 섀넌Claude Shannon, 1916~2001, 언어학자인 놈 촘스키Avram Noam Chomsky, 1928~, 심리학자인 조지 밀러George A. Miller, 1920~ 등이었다. 여기서 그들은 인간의 마음을 정보처리 시스템으

◆◆◆ **클로드 섀넌**

미국 정보과학의 선구자로, '디지털의 아버지'라 불린다. 커뮤니케이션 연구에 몰두해 1949년 워런 위버Warren Weaver와 함께 현대 커뮤니케이션 이론의 고전이 된 《커뮤니케이션의 수학적 이론The Mathematical Theory of Communication》을 발표해 정보이론의 기초를 확립했다. 그가 최초로 고안한 0과 1을 사용한 이진법은 바로 정보통신의 핵심 원리가 되었다.

◆◆◆
신경모형, 통신 이론, 정보 이론, 자동 기계 이론 등을 종합해 정보처리 과정을 수학적으로 모델화하고자 한 노버트 위너

로 보는 관점을 공유했다.

 인지과학이 탄생하게 되기까지는 여러 학문 분야의 영향이 있었다. 철학의 논리실증주의는 이성적이고 이론적인 분석 방법을 통해 기본적인 연구 방법의 방향을 제시했으며 수리논리 또는 형식논리는 발전하여 '지적인 사고 과정은 곧 상징들을 가지고 수행하는 일종의 계산'이라고 보는 관점을 제시했다. 그리고 제2차 세계대전은 통신 이론과 정보 이론, 인간과 기계의 상호작용에 대한 연구를 활성화시켰다. 특히 섀넌의 정보 이론은 전기회로의 켜짐과 꺼짐(on-off)으로 0, 1을 나타낼 수 있으며 0, 1의 이진법, 즉 비트bit를 통해 문자뿐 아니라 소리나 이미지 등을 전달할 수 있음을 보여주었다. 또한 워런 매컬릭Warren McCulloch, 1899~1969과 월터 피츠Walter Pitts, 1923~1969는 신경세포 사이의 작용을 논리적인 정보처리 과정으로 모형화할 수 있다는 걸 보여줌으로써, 심적 현상이 물리적으로 구현될 수 있는 가능성을 제시했다. 신경모형, 통신 이론, 정보 이론, 자동기계 이론 등을 종합해 정보처리 과정을 수학적으로 모델화하고자 한 노버트 위너Norbert Wiener, 1894~1964의 사이버네틱스cybernetics, 인공두뇌학 또한 중요한 역할을 했다. 위너는 한 시스템에 의해 생성된 정보를 다시 그 시스템에 되돌림으로써 스스로 행동을 조절하도록 할 수 있다는 피드백feedback 개념을 강조한다.

 또한 디지털 컴퓨터의 출현에는 섀넌의 정보 이론뿐만 아니라, 앨런 튜링$^{\text{Alan M. Turing, 1912~1954}}$과 폰 노이만이 결정적인 역할을 했다. 튜링은 계산을 수행하는 데 전기회로를 사용했고 그의 '튜링 기계'는 수학 문제를 푸는 것 같은 사고 과정을 단계별로 형식화할 수 있는 가능성을 제시했다. 폰 노이만은 컴퓨터의 메모리와 중앙처리 장치를 구분함으로써 프로그램과 데이터의 개념을 제시했는데, 이로써 컴퓨터가 내장된 프로그램으로 외부의 지시 없이 과제를 수행하게 되었다.

RAND 연구소를 통해 초기에 디지털 컴퓨터를 접하게 된 사이먼은 컴퓨터를 단순한 계산기가 아닌 범용 목적의 상징조작 체계로 보았으며, 프로그램이 곧 마음의 이론이 될 수 있는 가능성을 발견했다. 또한 뉴얼은 1954년 올리버 셀프리지$^{\text{Oliver Selfridge}}$의 '복마전$^{\text{Pandemonium}\bullet}$'을 접하게 되는데, 이것은 컴퓨터로 영어 단어와 같은 패턴을 인식할 수 있는 일종의 신경망 모형이다. 여기에서 뉴얼은 단순한 하위 과정의 상호작용을 통해 컴퓨터로 복잡한 과정도 수행하게 할 수 있음을 알게 된다. 이 경험 이후에 뉴얼은 사이먼이 재직하는 카네기 공과대학으로 가서 박사과정을 밟게 되었으며, 사이먼과 함께 인공지능 프로그램인 '논리이론가$^{\text{LT, Logic Theorist}}$'를 만들게 된다.

◆◆◆ **복마전**

영어 철자를 인식하는 프로그램으로서 몇 개의 악마demon로 구성되어 있다. 이미지를 받아들여(이미지 악마) 그것의 세부 특징을 해독하고(세부 특징 악마) 세부 특징의 조합이 어느 철자와 비슷한지 미리 저장되어 있는 형판과 비교한 후(인지 악마) 제일 비슷한 철자로 결정하게 된다(결정 악마).

한편 심리학에서도 중요한 변화가 일어났는데, 행동주의의 쇠퇴가 바로 그것이다. 행동주의는 1900년대 초·중반 미국 심리학의 주류를 이룬 학파로 관찰 가능한 행동만을 연구 대상으로 여기고, 눈에 보이지 않는 마음의 정신 작용은 과학 연구의 대상이 아니라고 보았다. 이들은 주로 자극과 반응의 관계로 유기체가 어떻게 새로운 행동을 습득하는지를 설명했다. 그러나 눈에 보이지 않는 가설적인 심리적 구성물을 가정하지 않고 유기체의 행동을 설명하는 것에는 행동주의자들 스스로도 한계가 있음을 깨닫게 된다.

이 한계를 깨달은 대표적인 행동주의자로 톨먼을 들 수 있는데, 그는 인지도^{cognitive map}라는 개념을 제시한다. 행동주의의 학습 이론인 '조작적 조건 형성'에 따르면, 유기체는 자신이 한 행동이 우연히 강화되고(먹이와 같은 보상이 제공됨으로써) 이것이 반복되면 이후에는 강화를 얻기 위해 그 행동을 하게 되는데, 이로써 새로운 행동이 습득된다고 보았다. 예를 들어, 버튼을 누르면 먹이가 나오는 상자 안에 비둘기를 넣어놓으면, 처음엔 우연히 버튼을 눌러 먹이를 얻다가 점차 먹이를 얻기 위해 버튼을 누르는 행동을 습득하게 된다. 그런데 톨먼이 관찰한 것은 보상이 없는 경우에도 학습이 이루어진다는 것이다. 쥐를 아무것도 놓여 있지 않은 미로에 넣어 여러 차례 돌아다니게 한 후, 미로의 끝에 먹이를 놓으면 쥐는 재빨리 미로를 통과해 간다. 마치 머릿속에 지도를 그려 넣은 것처럼 말이다. 이것이 바로 '인지도'다.

행동주의가 인지 현상을 연구 대상으로 다루지는 않았지만, 그 연구 방법은 이후 인지심리학에서도 지속적인 영향을 끼치게 된다. 즉 행동이 심리학의 객관적인 데이터라는 게 널리 받아들여지고 이 데이터를 수집하고 분석하는 체계적인 방법을 수립할 수 있었다. 일례로, 인지심리학에서 많이 측정하는 변인 중의 하나는 반응 시간이다. 즉 어떤 과제를 수행하는 데 걸린 시간을 측정함으로써 인지 과정에 대한 추론을 하는 것이다.

미국과 달리 유럽에서는 상대적으로 행동주의의 영향이 적었는데, 프레더릭 바틀릿Frederick C. Bartlett, 1886~1969, 장 피아제Jean Piaget, 1896~1980, 레프 비고츠키Lev Vygotsky, 1896~1934 같은 심리학자들은 다분히 인지주의적인 연구를 수행했다. 또한 1920~1930년대 독일과 오스트리아를 중심으로 활동하던 형태주의Gestalt 심리학자들은 '전체는 부분의 합 이상이다'라고 주장하면서 사람들이 환경을 어떻게 조직화해서 지각하는지에 대한 여러 원리를 제시했다. 또한 문제해결과 관련해서는 문제의 '표상'과 '통찰'의 중요성을 강조했다.

◆◆◆ **형태주의**

게슈탈트 심리학이라고도 한다. 심리 현상을 하나하나의 개별적 구성요소로 분리해서 파악하려던 구성주의 심리학과, 인간의 행동을 환경 반응에 대한 수동적 반응으로 파악하려는 행동주의 심리학에 반대하면서 등장했다. 독일의 심리학자 막스 베르트하이머Max Wertheirmer(1880~1943)가 창시자로, 그는 인간이란 개별적 부분의 조합을 인식하기보다는 전체로 인식하는 존재라는 믿음에 근거해 게슈탈트Gestalt('형태'를 뜻하는 독일어)라는 말을 사용했다. 베르트하이머의 동료 코프카Kurt Koffka(1886~1941)와 쾰러Wolfgang Köhler(1887~1967)는 이를 대중화하고, 미국에 소개했으며, 독일의 심리학자 레빈Kurt Lewin(1890~1947)은 게슈탈트 심리학의 원리들을 리더십이나 그룹 행동을 설명하는 이론적 배경으로 삼았다.

예를 들어, 문제해결에 대한 한 실험에서는 원숭이를 우리 안에 넣어놓고 천장에 달린 바나나를 어떻게 먹는지 관찰했다. 우리 안에는 여러 개의 상자와 긴 막대기가 같이 놓여 있었다. 원숭이는 마치 사태를 관망하는 것처럼 가만히 앉아 있다가 갑자기 상자를 쌓아놓고 막대기를 들고는 상자 위로 올라가 바나나를 따먹었다. 여기에서 원숭이는 우리 안에 있는 상자와 막대기를 문제해결의 도구로 표상representation 하고 상자를 쌓는 조작을 통해 목표에 이르게 된다. 이는 행동주의에서 주장하듯이 시행착오를 통해 우연히 보상을 얻게 되고 지속적인 강화를 통해 새로운 행동이 습득된다고 보는 것과는 큰 차이가 있다. 형태주의 심리학자들 가운데는 유태인이 많았는데 이들은 제2차 세계대전 중 대거 미국으로 망명하면서 미국 심리학계에 영향을 미치게 된다. 특히 문제해결을 문제의 표상에 대한 조작으로 본 것은 사이먼의 인공지능 연구에 큰 영향을 주었다.

언어학에서는 놈 촘스키의 이론이 영향력을 갖게 되는데, 그는 언어를 규칙적인 구조를 가진 시스템으로 보았으며 문법 규칙에 따라 언어 표현의 변형과 생성이 가능하다고 생각했다. 촘스키는 일련의 논리적인 규칙을 순서대로 적용하는 것으로 상징

◆◆◆ 표상

외부 세계의 대상을 마음속에 이미지나 관념, 지각, 감각 경험 등으로 나타낸 것이다. 표상은 인간이 과학적 인식을 하고 실천적 행동을 하며, 예술 활동을 하는 데 중요한 역할을 한다.

을 조작한다는 점에서 문법과 컴퓨터 프로그램이 동일하다고 보았다. 이런 점에서 마음 또한 형식적으로는 같다고 생각했다. 촘스키와 친한 친구 사이였던 심리학자 조지 밀러는 이러한 촘스키의 아이디어에서 새로운 심리학의 근간이 될 관점을 발견했다.

밀러는 소리나 빛과 같은 물리적 자극을 사람들이 주관적으로 어떻게 지각하는지 연구하는 정신물리학^{psychophysics}의 교육을 받은 심리학자인데, 정신물리학은 행동주의의 영향을 상대적으로 덜 받으면서 인간의 지각에 대한 연구를 지속적으로 수행해왔다. 그는 제2차 세계대전 후 군대에서 지원하는 정보처리, 인간-기계 상호작용 등에 대한 프로젝트를 수행하면서 정보 이론에 큰 매력을 느끼고, 1956년 수년간의 연구 결과를 집약한 논문 〈마법의 수 7$^{The\ Magical\ Number\ Seven}$〉을 발표했다.

그는 물리적 자극을 처리하는 사람을 통신 채널로 보았으며, 그 채널의 용량에 관심이 있었다. 즉 사람들이 한 차원에서 다른 물리적 자극(예를 들면, 소리의 경우 음의 고저나 크기 중 한 가지만 달라지는)을 얼마나 정확하게 판단하는지에 관심이 있었다. 그런데 3비트의 정보(0과 1로 이루어진 3자리 수의 경우의 수) 정도가 그 한계인 것으로 나타났다. 이는 대략적으로 7개 항목이고 여기에서 2개를 더하거나 뺀 정도다. 즉, 고저가 다른 소리 7개 정도는 정확하게 서로 변별할 수 있지만 그 이상의 소리에 대해서는 변별의 정확성이 떨어진다는 것이다. 밀러는 이후의 연구에서 정보를 변별하는 것뿐 아니라 사람들이 한 번에 의식적으로 처리할 수 있는 정보의 용량에서도 7±2라는 한계가 나타난다는 것을 발견하게 되고, 이러한 연구 결과는 사이먼에게도 중요한 자료가 되었다.

이 같은 여러 움직임들이 나타나면서 1956년 앞서 언급한 정보이론에 대한 심포지엄이 열리게 되었다. 여기에서 섀넌은 정보이론을, 사이먼과 뉴얼은 논리이론가(LT)에 대한 첫 연구 보고를 하였다. 또한 촘스키는 변형생성문법 transformational generative grammar 이론을, 밀러는 정보 용량의 한계에 대한 위의 논문을 발표했다. 그리고 심포지엄 둘째 날에는 드디어 '인지과학의 탄생'을 선포하기에 이른다.

생각하는 프로그램, 논리이론가 LT

사이먼과 뉴얼, 그리고 클리퍼드 쇼 Clifford Shaw가 1955년부터 1956년에 걸쳐 처음 만든 프로그램 '논리이론가'는 러셀 Bertrand Russell, 1872~1970과 화이트헤드 Alfred Whitehead, 1861~1947가 쓴 《수학원리 Principia Mathematica》(1910~1913)에 있는 수학 정리를 증명하는 프로그램이었다. 프로그램으로 증명된 정리 중 하나는 러셀과 화이트헤드보다 더 간결하고 우아한 방식으로 증명해냈다. 이에 대해 러셀은 자신과 화이트헤드가 "손으로 10여 년이 걸려 증명을 하기 전에 기계가 이것을 할 수 있다는 가능성을 미리 알았더라면 좋았을 것"이라고 이야기했다. 사이먼은 처음 LT 프로그램을 성공적으로 컴퓨터에서 돌려보고 난 후 카네기 공과대학 학생들에게 자신과 뉴얼이 '생각하는 기계'를 만들었다고 선포했고, 자서전에서도 1955년과 1956년이 '과학자로서의 삶에서 가장 중요한

해'였다고 밝히고 있다. 다음은 사이먼의 자서전 《내 삶의 모델 Models of My Life》(1991)의 일부분을 옮긴 것이다.

> 앞선 20년간 나의 주된 연구는 조직과 조직을 운영하는 사람들이 어떻게 의사결정을 하는지에 대한 것이었다. 경험적인 연구를 위해 나는 실제 세상의 조직을 관찰했고 때로는 실험을 하기도 했다. 나는 일상적인 언어나 경제학에서 흔히 사용하는 수학을 통해 이론을 전개했다. …… 이 모든 것이 1955년 후반의 몇 달 동안 급격히 변했다. …… 나는 인간의 문제해결, 특히 사람들이 사고할 때 보이는 상징조작 과정을 발견하는 데 내 주의와 노력을 집중했다. 그 이후로 나는 심리학 실험실에서 이 과정들을 연구했고, 나의 이론을 컴퓨터를 프로그램할 수 있는 특정 형식언어로 표현했다. 곧 나는 이전의 내 직업 정체성을 버리고 인지심리학자와 컴퓨터공학자로 거듭나게 되었다.

논리이론가(LT)는 상징을 다루는 일종의 피드백 장치라고 볼 수 있다. 자신의 현재 상태를 목표 상태와 비교하고, 두 상태 사이의 차이를 측정해서 그것을 줄일 수 있는 일련의 조작을 적용하는 에러 통제 기계인 것이다. 실제로 사이먼과 뉴얼은 이를 '생각하는 기계'라고 불렀지만, 이것은 물리적 형태의 모습을 갖춘 기계가 아니라 프로그램이었다. 즉 주어진 조작의 결과가 되먹임 feedback 되면 새로운 에러를 만들어내고, 다시 또 다른 조작을 적용하도록 한다. 이렇게 해서 성공적으로 증명된 정리는 새로운 정리가 증명되는 데 필요한 공리로 저장된다.

이처럼 사이먼과 뉴얼은 문제해결을 초기 상태에서 목표 상태로 나아가는 것으로 생각했고, 그 과정에서 나타날 수 있는 모든 가능한 상태를 **문제공간**problem space이라는 개념으로 만들었다. 즉 인간의 문제해결 과정을 '제한 조건 내에서 조작자를 사용해 문제공간을 탐색하는 과정'으로 정의했다. 또한 다양한 문제에 따라 변화하지 않는 소수의 특징이 있는데, 한 예로 문제해결자인 인간이 한 번에 처리할 수 있는 정보의 양이 7±2 단위로 제한되어 있다는 것을 들 수 있다.

LT가 문제를 해결한 방식은 다음과 같다. 이는 미리 정해진 알고리즘에 의해 진행되기보다 사이먼이 '휴리스틱'이라고 부르는 주먹구구식 방법으로 진행된다. 즉 가능한 모든 해결책에서 최선의 것을 찾아 그 규칙에 따라 움직이기보다는 나아갈 수 있는 검색 공간을 좁혀나가면서 만족스러운 대안을 찾는 것이다. 다시 체스의 예를 들면, 체스에는 10^{120}개의 가능한 결과가 있다. 이는 엄청나게 큰 수다. 따라서 가능한 결과를 모두 탐색하고 최적의 경로를 선택하는 것은 한마디로 불가능하다. 그럼에도 불구하고 사람들은 체스를 두고, 그중 어떤 사람들은 더 잘 둔다. 이것이 어떻게 가능할까? 사람들은 모두 휴리스틱을 사용하는데, 어떤 사람들은 다른 사람들보다 더 나은 휴리스틱을 가지고 있기 때문이라고 사이먼은 대답한다. 체스를 잘 두는 사람일수록 더 적은 수의 가능성에 집중하면서 대신 몇 수 앞을 내다본다. 그러므로 사이먼과 뉴얼의 휴리스틱은 사이먼의 '제한된 합리성'의 연장선상에서 나온 개념임을 알 수 있다.

LT에 사용된 대표적인 휴리스틱은 수단-목표 분석으로, 하위 목표의 설정과 차이감소법을 들 수 있다. 이것은 LT에서뿐만 아니라 이후 다양한 문제에 적용되는 일반적인 문제해결 휴리스틱이라고 볼 수 있다. 즉 문제 상황에서 주어진 수단을 이용해 초기 상태에서 목표 상태로 나아가게 되는데, 현재 상태와 목표 상태의 차이를 감소시키는 방향으로 나아가는 것이다. 그리고 최종 목표 상태로 나아가기 위해 먼저 이루어져야 할 하위 목표를 설정하고 이것으로 차이를 감소시켜나가는 과정을 반복해 문제를 해결하는 것이다.

예를 들어, 거실의 전등이 스위치를 켜도 들어오지 않는다고 해보자. 이것은 현재 상태다. 목표 상태는 예전처럼 스위치를 켜면 불이 환하게 들어오도록 하는 것이다. 그러기 위해서는 새 전구가 필요하고 천장에 닿을 수 있는 높이의 의자나 받침대가 필요하다. 전구를 갈기 위해서는 천장에 충분히 손이 닿아야 하는데 이것이 하위 목표가 될 수 있다. 만약 집에 있는 의자가 별로 높지 않다면, 일단은 이 하위 목표를 먼저 달성해야 최종적으로 전구를 갈 수 있게 된다. 사다리를 빌리든지 의자 위에 올려놓을 만한 것을 찾든지, 아니면 자신보다 키가 큰 가족이 올 때까지 기다려야 할 것이다. 이처럼 최종 목표에 이르기 위해 중간에 먼저 이루어져야 할 일들이 하위 목표가 되고, 일련의 하위 목표나 최종 목표로 나아가기 위해 현재와의 차이를 줄여가는 방향으로 움직이는 것이 '차이감소법'이다.

LT처럼 인간의 행동을 시뮬레이션하는 프로그램을 만들기 위해 사이먼과 뉴얼은 IPL(Information Processing Languages)이라는 컴퓨터 프로그래밍 언어를 개발했는데, 이는 인간의 마음에 대한 몇 가지 가정에 근거하고 있다. 정보는 상징의 형태로 저장되어 있으며, 인간의 기억 구조는 '연합적'이고 '위계적'이라는 것이다. 또한 인간의 정보처리는 기본적으로 '계열적' 처리라는 것이다. 즉 단계별로 한 번에 하나씩 순차적으로 처리된다고 보았다.

LT의 성공 이후 사이먼과 뉴얼은 '프로그램이 곧 이론'이라는 입장을 갖게 되는데, 이는 프로그램이 복잡하고 적응적인 시스템의 행동을 기술하고 설명하는 데 적합한 형식체계를 가지고 있다고 보았기 때문이다. 이제 컴퓨터는 사이먼의 주요한 연구 도구가 된다. 그러나 의사결정에 대한 그의 접근에서와 마찬가지로 그는 실제 인간의 문제해결 방식을 간과하지 않았다. 실제 인간의 문제해결 방식을 이해하기 위해 사람들의 '어문적 프로토콜verbal protocol'을 중요한 데이터로 보았다. 문제를 푸는 동안이나 문제를 푼 직후 어떤 방식으로 문제를 풀었는지 소리 내어 보고하게 한 뒤 이것을 모두 녹음하고 기록해 분석한 것이다. 이 내용은 아주 상세해서 이에 기초해 컴퓨터로 사람과 같은 방식으로 문제를 풀도록 프로그램을 짤 수 있었다고 한다.

체스의 고수와 컴퓨터가 경기를 한다면

LT 이후 사이먼과 뉴얼은 일반 문제해결자GPS, General Problem Solver를 만드는데, 이는 수단-목표 분석을 포함해 다양한 문제에 적용되는 일반적인 절차들로 구성되어 있다. 또한 이것은 몇 개의 하위 단위로 구성되어 있는데, 인간의 중앙처리 장치에 대한 사이먼과 뉴얼의 모델이라고 볼 수 있다. 이후 사이먼과 뉴얼의 연구는 일반적인 문제해결 능력에서 한층 전문적인 영역의 문제해결 방식으로 초점이 옮겨진다. 사이먼은 휴리스틱에도 두 가지 종류가 있다고 생각했는데, 하나는 약하지만 일반적인 것이고 다른 하나는 강하지만 특정 영역에 한정된 것이다. 그는 후자의 경우 한 영역에 특수한 지식구조를 갖게 되는 것과 밀접한 관련이 있다고 보았다. 또한 전문성expertise이란 이처럼 특정한 전문 영역의 환경과 상호작용하면서 휴리스틱과 지식 구조를 발달시킨 결과로 나타나는 것이라고 생각했다.

전문성 연구를 위해 사이먼이 관심을 둔 것은 바로 체스였다. 사이먼은 "체스를 성공적으로 두는 기계를 만든다면, 이는 인간의 지적 능력의 핵심에 이른 것이라고 볼 수 있다"고 말하기도 했다. 체스는 사이먼뿐 아니라 다른 인공지능 연구자들도 많은 관심을 가진 영역이었는데, 그럴 만한 특징을 가지고 있다. 우선, 지적인 능력을 요하는 게임이라는 것이다. 특히 미리 앞서서 생각하는 능력을 요구할 뿐 아니라 자신의 움직임으로 나타난 결과에 반응할 수 있는, 즉 적응행동을 요구한다. 이런 측면에서 체스는 합리적인 사고를 요구하는 동시에 사회적이기도 한 게임이다. 그러나 앞에서도 말했듯이 결과치가 1만여 개가 넘는 너무 방대한 문제공간이기 때문에 알고리즘에 의해서는 접근할 수 없는 문제다. 그런데 바로 이것이 인간이 접하는 많은 문제 상황을 대표하는 특징이라고 볼 수 있다. 따라서 조직을 경영하는 사람처럼 체스를 두는 사람도 제한된 범위 내에서 합리적인 선택을 해야 한다.

사이먼은 체스의 고수와 초보자에게 동시에 말이 놓여 있는 체스판을 보여준 후 그 배열을 기억하게 했다. 여기서 재미있는 결과는 말이 아무 의미 없이 임의로 배열된 경우 고수와 초보자의 기억에는 차이가 없는 반면, 의미 있는 말의 배열에 대해서는 고수가 훨씬 더 뛰어난 기억력을 보인다는 것이다. 사이먼은 이러한 결과를 조지 밀러의 단위화chunking로 설명한다. 사람들이 의식적으로 처리할 수 있는 정보의 양이 7±2라고 밀러가 말했을 때, 이는 그 항목이 어떤 수준으로 단위화되어 있는지에 따라 7개의 알파벳 철자일 수도 있고, 7개의 단어 또는 문장일 수도 있다. 즉 어떤 방식으로 단위화가 되어 있느냐에 따라 그 양이 가변적이라는 것이다. 전문가의 경우 단위화의 수준이 초보자보다 높아서 더 많은 정보를 의미 있는 단위로 묶을 수 있다. 따라서 똑같은 체스판을 보더라도 전문가는 그것을 의미 있는 패턴으로 지각하고 몇 개의 덩이로 묶어 처리하기 때문에 이후에 쉽게 기억하는 것이다.

사이먼에게 '전문성'이란 타고난 어떤 특별한 재능이나 능력을 가리키기보다는 경험과 함께 축적되는 지식, 그리고 더 효율적인 휴리스틱의 사용으로 나타난다. 사이먼은 심지어 어떤 분야에서 전문가가 되기 위해서는 적어도 5만 단위chunks의 정보를 가지고 있어야 하며, 정보에 대한 지식 구조를 이 정도로 세우기 위해서는 10여 년 정도가 걸린다고 말한다.

전문성에 대한 연구와 함께 사이먼이 관심을 가진 주제는 과학적 발견이다. 그는 자신이 문제해결에 대한 이해와 연구 방법으로서 채택한 컴퓨터 시뮬레이션의 타당성을 이 주제가 잘 보여준다고 생각했다. 발견이라고 하는 창의적 요소를 지니고 있으며 비구조화된 문제라는 점에서 특히 그렇다. 사이먼과 뉴얼은 여러 종류의 문제를 다루면서 이를 크게 '구조화된 문제'와 '비구조화된 문제'로 나누었다. 여기서 비구조화된 문제란 목표 상태로 가는 경로가 명확히 정의되지 않은 문제를 말한다. 체스는 문제공간이 방대하긴 하지만 비교적 구조화된 문제에 해당한다.

'발견'에 대한 사이먼의 견해도 전문성과 크게 다르지 않은데, 이는 직관^{intuition}에 대해서도 마찬가지다. 보통 과학적인 발견의 일화를 보면, 순간적인 통찰이나 영감의 결과로 실마리를 얻는 경우가 많다. 그는 일반적으로 '직관'이라는 것이 과학적으로 연구되기 어렵다는 입장에 반대한다. 그에게 직관이란 발견과 마찬가지로 지식과 경험의 축적으로 문제를 한눈에 알아볼 수 있는(이를 인지심리학에서는 재인^{recognition}이라고 한다) 능력의 산물이라고 보았다. 즉 방대한 정보를 빠른 속도로 그리고 효율적으로 접근할 수 있는 능력의 결과인 것이다.

사이먼은 또한 동형 문제를 사용해서 문제 표상의 중요성에 대해 연구하기도 하였다. '동형 문제'란 형식적인 구조는 같으면서 표면상 내용이 다른 문제를 가리킨다. 사이먼이 사용한 것 중의 하나는 '하노이 탑' 문제로, 다음 쪽의 그림에서 보는 것처럼 왼쪽 끝 막대에 있는 세 원반을 오른쪽 끝 막대로 옮기는 것이다. 이 문제의 제약 조건은 원반을 한 번에 하나씩만 옮길 수 있다는 것과 어느 경우든 큰 원반이 작은 원반 위로 가서는 안 된

사이먼이 사용한 동형 문제

'하노이 탑' 문제

처음 상태

최종 상태

'외계인과 공' 문제

처음 상태

최종 상태

다는 것이다.

이것의 동형 문제는 '외계인과 공' 문제다. 이 역시 그림에서 보는 것처럼 위쪽 상태에서 아래쪽 상태로 가고자 한다. 이 문제의 제약 조건은 한 번에 공을 하나씩만 옮길 수 있고, 한 외계인이 공을 두 개 가지고 있을 때는 그중 큰 것만 다른 외계인에게 줄 수 있다는 것, 그리고 자기가 가지고 있는 것보다 더 큰 공을 가진 외계인에게는 공을 줄 수 없다는 것이다. 이 두 문제는 똑같은 방식으로 풀릴 수 있는 문제임에도 불구하고 걸리는 시간이 다르다. 하노이 탑의 경우 평균 2분 정도가 걸리는 반면, 외계인과 공 문제는 평균 14분이 걸린다. 이러한 차이는 문제의 표상이 달라지면 제약 조건을 염두에 두고 문제를 푸는 것이 쉽거나 어려워지면서 기억에 부담을 주는 정도가 달라지기 때문이다.

이처럼 사이먼은 1950년대 중반 이후, 인간의 문제해결과 이를 컴퓨터로 시뮬레이션할 수 있는 프로그램을 개발하는 일에 몰두했다. 이러한 변화는 그가 인용하는 참고문헌에서도 나타나는데, 1950년대만 해도 다른 사회과학 분야의 논문이 많이 인용되었지만, 1990년대로 접어들면서 주로 인지심리학 논문이 언급되었다. 인간의 문제해결을 이해하는 데 인지심리학과 컴퓨터공학은 사이먼에게 상호보완적인 학문이었다. 그는 눈에 보이지 않는 인지 현상을 컴퓨터 프로그램으로 형식화해 이를 시뮬레이션함으로써 과학적이고 객관적인 방법으로 접근할 수 있었다. 즉 인간의 행동이 컴퓨터로 어떤 과제를 수행하게 하는 데 중요한 모델이 된 것이다.

› 만남 4

불확실한 상황에서의 판단

사이먼의 문제해결 연구에서 나오는 휴리스틱 개념을 카너먼과 트버스키는 인간의 판단 과정에 적용한다. 우리가 내리는 판단은 다양한데 카너먼과 트버스키가 관심을 가진 것은 불확실성, 즉 결과가 확률적인 상황에 대한 판단이다. 이들이 제시하는 판단 휴리스틱의 구체적인 내용을 접하기 전에 다음의 문제를 여러분 스스로 풀어보자.

(1) 김씨는 올해 45세다. 기혼이고 네 명의 자녀를 두고 있다. 그는 전반적으로 보수적이고 신중하며 야망이 있는 편이다. 또 정치, 사회와 관련된 문제에는 별 관심이 없으며 여유 시간을 대부분 목공, 등산, 퍼즐 풀기 같은 취미생활로 보낸다. 다음의 두 직업 중 김씨의 직업일 가능성이 더 큰 것은 어느 것일까?

① 엔지니어   ② 변호사

> (2) 다음은 미국인들의 사망 원인에 대한 질문이다. 각각 두 개씩 제시된 쌍 중에서 어떤 것이 더 빈번한 사망 원인일까?
> ① 당뇨병-살인 ② 토네이도-번개 ③ 교통사고-위암
>
> (3) 두께 0.1mm의 복사 용지를 반으로 접는다. 이것을 또 반으로 접은 뒤 또반으로 접는다. 이런 식으로 100번을 접는다고 하면 그 두께는 얼마나 될까? 한번 추측해보자.

자, 이제 여러분의 답과 실제 답을 비교해보자. 1번 문제의 답은 일단 뒤로 미루어놓자. 아마도 엔지니어라고 답한 사람들이 많을 것이다. 2번 문제의 답은 당뇨병, 번개, 위암이고 3번 문제는 1.27×10^{23}km이다. 이 값이 어느 정도인지 가늠이 안 된다면, 지구에서 태양까지 거리의 800,000,000,000,000배라고 하면 짐작할 수 있겠는가? 여러분이 위의 질문에 대답한 대부분의 사람들과 비슷하다면, 2번 문제에는 살인, 토네이도, 교통사고, 3번 문제에는 몇 미터 이상을 쓴 사람이 별로 없을 것이다.

위와 같은 문제들이 바로 카너먼과 트버스키의 '휴리스틱과 편향' 연구에서 사용된 것들이다. 대부분의 사람들은 틀린 답을 보고했는데, 왜 그럴까? 그 이유를 카너먼과 트버스키는 휴리스틱으로 설명하고 있다. 이들이 초기에 제안한 휴리스틱은 크게 세 가지로 분류되는데 **대표성**representativeness, **가용성**availability, **기준점과 조정**anchoring and adjustment이다. 이제부터 각 휴리스틱의 내용과 그로 인한 편향에 대해 자세히 알아보자.

도박꾼이
패가망신하는 이유

앞의 문제 1번을 보자. 김씨는 엔지니어일까 아니면 변호사일까? 저 사람은 외향적일까, 내향적일까? 이런 질문을 인지심리학적으로 표현하면, '범주category에 대한 판단'이라고 한다. 어떤 사람이나 대상이 범주 A나 B에 속할 확률을 판단할 때, 종종 그 사람이나 대상이 범주 A나 B의 속성을 얼마나 전형적으로 드러내는가 하는 정도에 따라 확률을 판단한다는 것이 바로 '대표성 휴리스틱'이다.

이 문제에 대해 카너먼과 트버스키는 실험 참가자들에게 심리학자들이 100명의 엔지니어와 변호사를 상담하고 각각의 성격을 묘사한 글을 적었다고 알려주었다. 그리고 문제에서 제시된 짤막한 묘사 글은 그중 한 개를 임의로 뽑은 것이라고 말했다. 문제의 글은 우리가 전형적으로 생각하는 '엔지니어'의 성격을 묘사한 것으로, 대부분의 사람들은 김씨가 엔지니어일 확률이 더 크다고 보고한다. 그런데 여기서 문제는 100명의 엔지니어와 변호사의 비율이 집단마다 달리 제시된다는 것이다.

카너먼과 트버스키는 앞 글을 다른 두 집단에게 주고 한 집단에게는 100명을 이루는 엔지니어와 변호사의 비율이 30:70이라고 알려주고, 다른 집단에게는 70:30이라고 알려주었다. 여기서 30:70 또는 70:30은 '기저율base rate'이라고 불리는데, 이를 집단마다 달리 제시한 것이 사람들의 답변에 영향을 미치는지 보고자 한 것이다. 실제로 사전확률에 대한 정보가 있을 경우, 원칙적으로는 그 정보를 사용해야 정확한 판단을 할 수 있다. 즉 묘사 글이 아무리 엔지니어를 묘사한 것같이 여겨져도 엔지니어가 100명 중 30명이 있을 때와 70명이 있을 때 김씨가 엔지니어일 확률은 달라져야 한다는 것이다. 그러나 사람들은 사전확률을 무시하고 주어진 글의 내용이 자신들이 전형적으로 생각하는 엔지니어와 변호사의 성격에 얼마나 들어맞는지 그 정도에만 근거해서 판단을 하기 때문에 기저율이 달라져도 답변에는 변화가 없다.

대표성 휴리스틱을 볼 수 있는 또 다른 예는 '린다 문제Linda problem'이다. 여기서도 마찬가지로 린다에 대한 짤막한 묘사 글이 제시되고 현재의 린다를 표현하는 8개의 문장이 주어진다. 실험 참가자들은 각 문장이 현재의 린다를 묘사한다고 생각하는 정도에 따라 1부터 8까지 순위를 매겼는데, 각 문장 오른쪽 괄호 안에 있는 숫자는 사람들 반응의 평균값을 적은 것이다. 즉 값이 적을수록 현재의 린다를 묘사하는 정도가 크다고 판단한 것으로 보면 된다.

◆◆◆ **기저율**

사전확률prior probability이라고도 불린다. 어떤 사건의 발생 정도를 나타내는 통계적 확률 또는 빈도를 가리킨다. 우리나라 인구와 관련된 통계 중에서 예를 들면, 65세 이상의 인구 구성비가 37.3%라는 것이나 출생률이 1.08명이라는 것 등이 이에 해당한다.

> 린다는 31세의 미혼 여성으로 자신의 의견을 거리낌 없이 말하는 편이며 매우 총명하다. 그녀는 대학생 시절 철학을 전공했고, 차별과 사회정의 문제에 관심이 많았으며 반핵 운동에도 참여했다.
>
> 1. 린다는 초등학교 선생님이다. (5.2)
> 2. 린다는 서점에서 일하며 요가를 배운다. (3.3)
> 3. 린다는 여성 운동에 적극적이다. (2.1)
> 4. 린다는 사람들을 상담해주는 사회복지사로 일한다. (3.1)
> 5. 린다는 여성 유권자 모임의 회원이다. (5.4)
> 6. 린다는 은행에서 일한다. (6.2)
> 7. 린다는 보험 판매원이다. (6.4)
> 8. 린다는 은행에서 일하며 여성 운동에 적극적이다. (4.1)

여기서 주목해야 할 결과는 3, 6, 8에 대한 판단이다. 위의 글을 읽으면 린다가 현재에도 여성 운동에 활발히 참여할 가능성이 커 보인다. 즉 우리가 여성 운동에 적극적일 것이라고 생각하는 전형적인 여성상과 위의 묘사 글이 잘 맞아떨어진다. 그래서 사람들은 아마도 3번 문장이 가장 그럴듯하다고 판단했고, 아울러 8번 문장도 네 번째로 그럴듯하다고 판단했을 것이다. 그런데 여기서 문제는 8번의 경우 3번과 6번의 각 사건, 즉 여성 운동에 활발한 것과 은행에서 일하는 두 사건을 결합한 것으로 확률이론상 3번과 6번보다 확률이 더 클 수는 없다는 것이다. 그럼에도 불구하고 사람들은 8번 문장이 6번보다 더 그럴듯하다고 판단했다. 이는 달리 결합오류 conjunction fallacy 라고도 불리는데, 이

역시 사람들이 대표성에 근거해서 판단하기 때문에 나타나는 오류라고 볼 수 있다. 이러한 결합오류는 확률 지식이 많은 전문가 집단에서도 마찬가지로 나타난다고 한다.

범주 판단 외에 대표성 휴리스틱이 사용되는 예로 자주 언급되는 것은 확률 이론의 '큰 수의 법칙 law of great numbers'과 관련된 것이다. '확률'이란 많은 시행을 전제로 했을 때 일반적으로 나타나는 결과의 경향성을 일컫는다. 한 예로, 동전을 던져서 앞면이 나올 확률을 물으면 보통 2분의 1이라고 대답하는데, 이 또한 많은 시행을 전제로 했을 때 일반적으로 나타나는 결과를 말한 것이다. 그런데 사람들은 표본의 수가 적거나 시행 수가 적은 경우에도 모집단이나 시행 수가 많을 때 나타나는 결과의 특성이 그대로 나타난다고 믿는 경향이 있다. 카너먼과 트버스키는 이를 '작은 수의 법칙 law of small numbers'이라고 부른다.

예를 들면, 동전을 6번 던져서 다음의 결과가 나왔다고 하자. 즉 앞-뒤-앞-뒤-뒤-앞, 앞-앞-앞-뒤-뒤-뒤, 앞-앞-앞-앞-뒤-앞의 결과가 나왔고, 각 결과가 얼마나 나올 법한지 물으면 사람들은 첫 번째 결과를 제일 높게 판단한다. 이는 첫 번째 결과가 사람들이 우연 사건에 대해 가지고 있는 생각과 가장 유사한 모습을 갖기 때문이다. 즉 가장 전형적인 우연 사건이라고 생각하기에 이런 판단을 하는 것이다. 그러나 확률 이론에 의하면 위의 세 결과는 모두 같은 확률을 가지며 시행 횟수가 여섯 번으로 적기 때문에 두 번째나 세 번째 결과도 충분히 우연사건의 결과일 수 있는 것이다.

또한 도박꾼의 오류 gambler's fallacy도 대표성에 근거해 확률 이론에 대한 믿음을 잘못 적용한 예에 해당한다. 게임에서 계속 진 도박꾼은 '지금까지 졌으니 이젠 이기겠지' 하는 믿음을 갖고 계속 게임을 하곤 하는데, 각 게임은 독립적인 시행으로 이전 게임의 결과와 앞으로의 결과는 아무런 상관이 없다. 그런데도 시행 수가 많을 때의 확률을 적용해 앞으로는 이길 것이라고 생각하는 것이다.

통계 이론과 관련된 대표성에 따른 오류는 '평균으로의 회귀' 현상을 고려하지 않는 것이다. 평균으로의 회귀는 통계 현상의 하나로 아주 높은 값이나 낮은 값이 나타난 경우, 그 다음에는 대개 평균에 가까운 값이 나타날 확률이 커짐을 가리키는 것이다. 한 가지 예로 부모의 키가 아주 크거나 지능지수가 매우 높은 경우 자식은 부모보다 작거나 지능지수가 낮을 확률이 더 크다. 하지만 사람들은 대체로 자식은 부모를 닮는다고 생각하기 때문에 당연히 자식 또한 부모처럼 키가 크거나 머리가 좋을 것이라고 기대하게 되고, 그렇지 않으면 오히려 예외적인 경우라고 잘못 생각한다.

Out of sight, out of mind?

이 장의 처음에 제시한 2번 문제에서는 당뇨로 인한 사망률과 살인에 따른 사망률 중 어느 것이 높은지를 묻고 있다. 미국의 경우 당뇨나 위암은 살인이나 교통사고에 비해 사망률이 두 배에 이른다고 한다. 확률이나 빈도를 물을 때는 정확한 값을 알기 어렵다. 이때 우리가 사용할 수 있는 정보(이를 달리 '가용한 정보'라고 한다)는 문제에 해당하는 예들일 것이다. 즉 최근에 당뇨나 살인 사건에 대한 얘기를 얼마나 들었는지 떠올리면서 각 사건의 확률이나 빈도를 가늠해보는 것이다. 그런데 살인이나 교통사고는 자주 뉴스와 신문에 보도되기 때문에 사람들은 그 예를 떠올리기가 쉽고, 따라서 빈도가 과대평가된다. '가용성'이란 어떤 사건의 실제 빈도나 확률에 대한 정보가 없을 때, 그 사건의 구체적인 예를 기억하고 그것이 얼마나 쉽게 떠오르는가 하는 정도에 근거해 판단하는 것이다. 즉 예가 쉽게 떠오르면 그 빈도가 높다고 판단하는 것이다. 그러나 실제 빈도나 확률과는 관계없이 그 예가 떠오르는 정도에 영향을 미치는 요인들도 있기 때문에, 가용성에 기초한 판단은 때로 편향된 결과를 가져올 수 있다.

예를 들면 그 예가 친숙할수록, 눈에 띄게 두드러진 것일수록, 그리고 최근의 것일수록 기억을 떠올리기가 쉽다. 이와 관련한 실험을 보자. 참가자들에게 사람 이름을 적은 명단을 주고 읽게 한다. 이때 남자와 여자 이름이 똑같은 수로 들어가 있지만 남자 이름에는 유명한, 즉 잘 알려져서 친숙한 이름을 더 많이 넣는다. 후에 명단을 치우고 남자가 더 많았는지, 여자가 더 많았는지를 물으면 대개 남자가 더 많았다고 대답한다. 즉 친숙한 이름일수록 기억에 쉽게 남고 나중에 떠올리기가 쉽기 때문에 빈도도 높다고 판단하는 것이다.

비행기 사고로 인한 사망률도 대개 실제보다 과대평가되는 경향이 있다. 일단 비행기 사고는 대형 사고인 경우가 많고 그런

◆◆◆
어떤 사건의 실제 빈도나 확률에 대한 정보가 없을 때, 그 사건의 구체적인 예를 기억하고 그것이 얼마나 쉽게 떠오르는가 하는 정도에 근거해 판단하는 것을 가용성이라 한다.

경우 신문이나 TV를 통해 연일 보도된다. 더 주목을 끌고 두드러지기 때문에 이후에도 기억이 잘되고 확률이나 빈도가 실제 이상으로 높게 판단되는 것이다.

가용성과 관련해 자주 언급되는 또 다른 실험의 예는 영어 단어 중 R자로 시작하는 단어가 더 많은지, 아니면 R이 세 번째 위치에 오는 단어가 더 많은지를 묻는 것이다. 실제 빈도는 R이 세 번째 위치에 오는 단어가 더 많은데, 사람들은 R로 시작하는 단어의 예를 찾기가 더 쉽기 때문에 빈도가 높다고 판단한다.

이처럼 실제 빈도에는 영향을 미치지 않지만 사건의 구체적인 예를 떠올리는 데 영향을 주는 여러 기억 요인들로 인해서 편향된 빈도 판단을 할 수 있는 것이다.

판단의 기준점과 편향

앞의 3번 문제의 정답을 보고 많은 사람들은 깜짝 놀랐을 것이다. 0.1mm 두께의 종이를 100번 접는다고 그렇게 큰 수가 나올까? (정답은 $0.1mm \times 2^{100}$) 그 두께를 크게 잡은 사람도 기껏해야 몇 미터 정도였을 것이다. 간혹 충분한 시간을 주고 계산을 하게 하면 정확한 답을 대는 사람들도 있을 것이다. 그러나 위 문제는 대략적인 값을 추정하게 한 것이었고, 대부분의 사람들은 원래 종이의 두께가 0.1mm라는 것과 몇 번 접었을 때의 두께를 대충 생각하고 그것에 기초해 값을 조정해 대답한다. 따라서 그리 큰 값을 말하지 않는다. 이처럼 사람들은 어떤 값을 추정할 때 기준점을 사용하고 이를 적절히 조정한 후 추정하게 되는데, 이를 '기준점과 조정 휴리스틱'이라고 한다. 그런데 보통 조정은 충분히 일어나지 않고 기준점의 영향을 많이 받기 때문에 편향된 값을 말하게 되는 것이다. 또한 기준점이 추정하는 값과 전혀 상관없는 경우에도 사람들은 이에 영향을 받게 된다.

또 다른 예로 카너먼과 트버스키가 한 실험을 살펴보자. 이 실험에서는 사람들에게 아프리카에 있는 나라 중 UN 회원국이 몇 개국이나 되는지 질문했다. 그리고 추정을 하기에 앞서 돌림판을 돌려서 임의로 나온 숫자를 제시하고 회원국 수가 그 숫자보다 큰지 작은지를 판단하게 했다. 그 결과 첫 번째 집단은 숫자 10을, 두 번째 집단은 65를 받게 되었다. 돌림판을 사용한 것은 제시된 숫자가 임의로 정해진 것임을 강조하기 위해서였다. 실제 이 실험의 경우 제시된 숫자는 추정해야 하는 값과 전혀 관련이 없는 숫자다. 그럼에도 불구하고 사람들은 이것을 기준점으로 삼아 그 값의 영향을 받게 된다. 결과를 보면 10을 받은 집단의 중앙치는 25이고, 65를 받은 집단의 중앙치는 45였다.

또 많이 언급되는 예는 다음의 계산식이다. 각각 다른 두 집단에게 아래 식 중 하나만 5초 동안 제시하고 그 값을 추정하게 하였다.

$$8 \times 7 \times 6 \times 5 \times 4 \times 3 \times 2 \times 1 = \underline{\qquad}$$
$$1 \times 2 \times 3 \times 4 \times 5 \times 6 \times 7 \times 8 = \underline{\qquad}$$

시간이 충분하다면 누구나 정확하게 답을 맞힐 수 있는 문제지만 5초만 주었기 때문에 계산을 하기보다는 대충 값을 추정해야 하는 상황이었다. 그런데 재미있는 것은 똑같은 숫자임에도 불구하고 나열된 순서가 다르기 때문에 사람들의 추정값이 큰 차이를 보인다는 것이다. 결과를 보면, 첫 번째 계산식을 제시받은 집단의 경우 중앙치가 2,250이었고, 두 번째 계산식을 제시받은 집단은 중앙치가 512였다. 참고로 정답은 40,320이다. 집단에 따라 왜 이런 차이가 날까? 대개는 앞에서부터 계산을 하다 중간에 멈추게 되고 그때까지 계산된 값을 조정해 보고할 것이다. 따라서 이 경우 부분적으로 계산된 값이 기준점으로 사용되었고 그 값이 다르기 때문에 최종 보고된 추정값도 차이를 보인다는 것이다.

이상은 1974년 《사이언스》에 발표된 〈불확실한 상황에서의 판단:휴리스틱과 편향 Judgment under Uncertainty:Heuristics and Biases〉의 내용이다. 카너먼과 트버스키는 사람들에게 정확하게 판단할 것을 요구하고 정확한 답을 맞히면 보상을 제공하는 경우에도 여전히 편향이 나타났다고 지적했다. 그리고 이러한 편향이 동기적인 이유에서가 아니라 순전히 인지적인 이유에서, 즉 사람들이 판단을 내리는 방식에 근거해서 나타나는 것이라고 말한다. 그렇다면 이러한 편향을 줄일 수 있는 방법은 없을까?

휴리스틱과 편향이 소개되고 난 후 한편에서는 이러한 편향을 어떻게 줄일 수 있는지에 대한 연구가 이루어졌다. 이들 연구가 제안하는 방법은 편향 줄이기 기법 Debiasing Technique 이라고 불린다.

먼저 대표성 휴리스틱의 경우 아주 상세한 내용을 담고 있는 시나리오에 현혹되지 말라는 것이다. 상세한 내용을 담고 있을

수록 우리가 생각하는 범주와 비슷할 수 있지만, 대신 그 가능성은 적어진다. 일반적으로 내용이 구체적일수록 그것이 실제로 일어날 가능성은 적어지게 된다. 그리고 가능한 한 기저율에 주의를 기울이라는 것이다. 특히 기저율은 사건 자체가 아주 드물거나 아주 흔할 때 중요하다. 또 하나는 우연히 일어나는 사건은 스스로 수정할 능력이 없다는 것을 기억하라는 것이다. 게임에서 계속 진다고 해도 더 이상 기대할 건 없다. 지금까지 졌다고 앞으로 이길 가능성이 높아지는 것은 아니다. 그리고 마지막으로 평균으로의 회귀 현상을 기억하라. 대개 예외적으로 높거나 낮은 값이 나타나면 그 다음에는 평균에 가까운 값이 나타날 확률이 더 크다는 것을 염두에 두라는 것이다.

카너먼과 트버스키의 초기 휴리스틱 이론			
	내용	심리학적 실험	편향 줄이기 기법
대표성 휴리스틱	범주의 속성을 얼마나 전형적으로 드러내는지로 판단하는 추론 방식	린다 문제	상세한 내용을 담고 있는 시나리오에 현혹되지 말 것
가용성 휴리스틱	어떤 사건의 실제 정보가 없을 때, 그 구체적인 예가 얼마나 익숙한가에 따라 판단하는 추론 방식	비행기사고 사망률의 과대 평가, R로 시작되는 단어 실험	직접적인 비교를 제시할 것
기준점과 조정 휴리스틱	자신이 생각하거나 제시된 기준에 따라 값을 내놓아 실제와 어긋나게 유도되는 추론 방식	아프리카 UN 회원국 수 추정 실험, 계산식 실험	여러 기준점들을 다양하게 적용할 것

가용성의 경우 실제 빈도보다 쉽게 그 예가 떠오르는 사건이 가능성도 높은 것으로 평가되는데, 이것을 막기 위해서는 직접적인 비교를 제시하는 것이다. 일례로 암 협회에서는 '올해 교통사고보다 위암으로 더 많은 사람이 죽었다'라는 직접 비교를 통해 가용성에 따른 사람들의 잘못된 빈도 판단을 바꿀 수 있을 것이다. 건강이나 사망 원인과 관련된 빈도의 경우 정확한 내용을 알림으로써 적절한 예방 노력을 기울이도록 하는 것이 중요할 수 있기 때문이다.

마지막으로, 기준점과 조정의 경우 여러 기준점을 적용해볼 것을 권하고 있다. 특히 제시된 기준점의 값이 다소 극단적일 때는 반대 방향으로 극단적인 값을 기준점으로 생각해보고 값을 조정하는 노력이 효과적일 수 있다.

← 만남 5

인간의 판단은 이론과 다르다

카너먼과 트버스키가 직접 발표한 것은 아니지만 1982년 카너먼과 트버스키, 그리고 슬로빅이 함께 편집한 이들의 대표적인 책 《불확실한 상황에서의 판단:추단법과 편향 Judgment under Uncertainty: Heuristics and Biases》(일부 전공자들 사이에서는 책의 표지 색깔 때문에 'Blue Book'으로 불린다)에 실린 다른 휴리스틱과 편향에 대해 몇 가지 더 소개하겠다.

또한 1990년대 이후에 제안한 정서 정보처리와 관련된 휴리스틱을 소개하고자 한다.

내 판단은 정확해!

과신 overconfidence 은 자신의 판단이 실제로 옳은 것 이상으로 더 옳다고 확신하는 것을 가리킨다. 1965년에 보고되어 다소 오래된 연구이긴 하지만, 이 현상을 단적으로 보여주는 것으로 스튜어트 오스캠프Stuart Oskamp의 실험을 들 수 있다. 그의 실험에는 수년간 임상 경험을 가지고 있는 8명의 임상심리학자와 임상심리학을 전공하는 대학원생 18명, 그리고 성격심리학 과목을 수강하는 6명의 학부생이 참가했다. 그는 실험 참가자들에게 심리적으로 부적응을 보이는 어느 29세 남성에 대한 임상보고서를 제시했다.

이 보고서는 네 부분으로 나뉘어 있는데, 첫 부분은 이 사람이 제2차 세계대전에 참전했으며, 대학 졸업자이고 현재는 화원에서 일을 하고 있다는 정보를 주었다. 둘째 부분은 이 젊은이가 12세가 되기까지의 어린 시절을 묘사하고 있다. 셋째 부분은 고등학교 시절과 대학 시절, 넷째 부분은 군복무 당시와 그 이후에 대해 묘사하고 있다. 실험 참가자들은 네 부분을 순차적으로 제시받고 각 부분을 읽은 후, 이 사례에 대한 임상판단을 내리기 위한 5지선다형 문제를 풀었다. 그리고 본인의 판단이 얼마나 정확하다고 생각하는지 그 확신의 정도를 20~100%로 표시하게 했다.

우선, 판단의 정확성에서 집단 사이에 차이가 없다는 결과가 나왔다. 자세한 결과는 다음의 임상판단 검사 결과에 제시되어 있다. 제일 정확한 경우가 28% 정도(5지선다형이므로 그냥 찍어도 20%는 맞힐 수 있다)인 것으로 미루어볼 때, 이 사례에 대한 임상판단이 그리 쉬운 문제는 아니었음을 알 수 있다. 이 결과에서 주목해야 할 부분은 1단계에서 4단계로 점차 더 많은 정보를 얻

임상판단 검사 결과				
측정치	1단계	2단계	3단계	4단계
정확성(%)	26.0	23.0	28.4	27.8
확 신(%)	33.2	39.2	46.0	52.8
중간에 판단을 바꾼 참가자 수(명)	–	13.2	11.4	8.1

어 판단을 내림에도 불구하고 판단의 정확성에는 큰 변화가 없다는 것이다. 반면 확신 정도는 지속적으로 증가한다. 그리고 판단을 바꾸는 사람들의 수도 감소하는 것을 볼 수 있는데, 이는 사람들이 초기에 형성된 판단을 크게 바꾸지 않는다는 것을 보여준다. 그리고 표에는 나와 있지 않지만 임상심리학자들이 대학생들보다, 즉 경험이 많은 사람이 적은 사람보다 확신 정도가 적었다고 한다.

이처럼 정확성과 확신 정도는 꼭 같이 가는 것이 아니다. 어떤 사람이 자신의 판단에 확신을 보인다는 것이 반드시 그가 한 판단의 정확성을 보장해주지는 못한다는 뜻이다.

과신을 줄이는 방법은 자신의 대답이 틀릴 수 있는 이유에 대해 생각해보는 것이다. 한 연구에서는 실험 참가자들에게 두 개의 2지선다형 문제를 제시하고 답을 고른 후 자신의 답이 맞다고 확신하는 정도를 50~100%로 기록하게 했다. 그리고 또 다른 집단의 참가자들에게는 똑같은 문제를 제시하고 자신의 답이 맞다고 생각되는 이유와 틀리다고 생각되는 이유를 적게 한 후 확신 정도를 표시하도록 했다. 두 집단의 확신 정도를 비교해본 결과 이유를 적은 집단은 과신을 덜 보였다. 그리고 후속 연구를 통해서 이러한 효과가 단지 이유를 적은 것 때문에 나타난 것이 아니라, 자신이 틀릴 이유에 대해 생각해본 결과로 나타났음이 밝혀졌다.

**난 처음부터
그럴 줄 알았어!**

사후판단 편향 hindsight biases 은 사람들이 이미 나타난 결과에 대해서 그럴 수밖에 없었다고 결정론적으로 판단하는 경향을 가리킨다. 사람들에게 어떤 특정 사건이 일어나기 전 그 사건의 여러 가능한 결과들에 대해 확률판단을 하도록 한다. 그리고 실제로 그 사건이 일어나서 어떤 특정한 결과를 가져온 뒤 여러 가능한 결과들에 대해 다시 확률판단을 하도록 했을 때, 사람들의 반응은 달라진다.

이 사후판단 편향을 제안하고 연구한 사람은 바루크 피시호프 Baruch Fischhoff, 1946~ 인데, 그는 1972년 미국 닉슨 대통령의 중국과 소련 방문에 대해 연구한 적이 있다. 피시호프는 실제로 이 역사적인 사건이 일어나기 전 사람들에게 여러 가능한 결과들의 확률을 물었다. 예를 들면, 닉슨이 마오쩌둥을 만날 것인지, 소련과 미국이 합동 우주 프로그램을 계획할 것인지 등이었다. 닉슨의 중국과 소련 방문이 끝난 지 2주에서 6개월이 지난 뒤 그는 이전에 응답했던 사람들에게 똑같은 질문을 다시 했고, 이전에 그들이 보고한 확률을 기억해서 적어달라고 했다. 그리고 정확하게 기억하지 못한다면 닉슨의 방문 이전에는 자신이 어떻게 생각했을지 염두에 두고 확률판단을 해달라고 부탁했다. 그런 다음 실제로 가능한 결과로 언급된 것 중 어떤 사건이 일어났는지 표시하도록 했다.

결과를 보면, 응답자들이 실제로 일어났다고 생각한 사건의 확률에 대해서는 이전에 보고한 것보다 본인들이 정확하게 예측을 했다고 대답한 반면, 응답자들이 일어나지 않았다고 생각한 사건의 확률에 대해서는 이전보다 낮게 예측한 것으로 대답했다. 그리고 이러한 경향은 시간의 흐름에 따라 더 강해져서 3~6개월이 지난 후에는 84%의 응답자들이 사후판단 편향을 보였다고 한다.

이처럼 어떤 사건이 일어나고 사건의 결과에 대한 지식을 가지고 있는 경우, 그 결과의 확률은 그에 대한 지식이 없는 경우보다 높이 평가된다.

이러한 편향은 사람들이 자신의 이전 예측을 정확하게 기억하려고 동기화된 경우에도 나타난다.

이 경향은 '소리 없이 다가오는 결정론$^{creeping\ determinism}$'이라고 표현되기도 한다. 이와 관련해 피시호프는 그의 논문 〈과거를 연구하도록 저주받은 사람들을 위하여$^{For\ Those\ Condemned\ to\ Study\ the\ Past}$〉(1982)에서 역사학자 플로롭스키$^{Georges\ Florovsky,\ 1893~1979}$의 표현을 인용했다.

> 결정론의 경향은 '회고'라는 방법 그 자체에 내포되어 있다. 과거를 되돌아볼 때 우리는 어떤 내적인 필연성과 함께 인식할 수 있는 패턴에 따라 사건이 펼쳐진 논리를 감지하려고 한다. 그 결과 우리는 그것이 달리 어떻게 일어날 수도 없었을

거라는 인상을 갖게 된다.

슬로빅과 피시호프는 어떻게 하면 이러한 사후판단 편향을 줄일 수 있는지에 대해서도 연구를 했는데, 그 방법은 과거 사건이 다른 식으로 어떻게 나타났을지에 대해 한번 생각해보는 것이다. 즉 대안 결과의 가능성에 대해 생각함으로써 실제로 나타난 결과의 불가피성이 상대적으로 적게 느껴질 수 있다는 것이다.

B형 남자는 변덕이 심하다?

두 사건이 함께 변하는 정도를 가리켜서 통계적인 표현으로 '공변량 covariance'이라고 한다. 즉 사건 A와 B가 서로 얼마나 관련이 있어서 함께 변하는지를 평가하는 것으로 일상생활에서도 흔히 일어나는 판단이다. 'B형 남자는 변덕이 심하다', '봄에 태어난 아기는 머리가 좋다' 등의 믿음을 예로 들 수 있다.

혈액형과 변덕스러움의 빈도를 나타낸 다음의 표를 보고 B형 남자와 변덕이 심한 것 사이에 관련이 있는지의 여부를 판단해보자.

혈액형과 변덕스러움의 빈도		
	B형인 남자	B형이 아닌 남자
변덕이 심한 사람	160 (a)	40 (b)
변덕이 심하지 않은 사람	40 (c)	10 (d)

여러분이 보기에 위 표에서 변덕스러움과 B형이 관련이 있어 보이는가? 두 가지가 관련이 있는지를 판단하기 위해 여러분은 어떤 정보를 사용했는가? 실제로 B형 남자가 다른 혈액형의 남자에 비해 더 변덕이 심한지를 알기 위한, 즉 두 변인 사이의 공변량을 평가하는 식은 다음과 같다.

$$p = \frac{(ad-bc)}{\sqrt{(a+b)(c+d)(a+c)(b+d)}}$$

위의 식을 보면 a, b, c, d의 네 가지 정보가 가진 상대적 빈도가 모두 고려되어야 함을 알 수 있다. 그런데 대개의 사람들이 취하는 휴리스틱은 a의 빈도만을 보거나 a와 d만을 보는 것이다. 그렇게 보면 B형 남자가 변덕스러운 것처럼 보인다. 특히 이미 어떤 선입관을 가지고 판단을 하는 경우에는 자신이 이미 가지고 있는 생각에 들어맞는 사례가 선택적으로 처리되는 경향을 보이고 그 결과 실제로는 서로 관련이 없는 사건들을 관련이 있는 것으로 생각하는 **상관의 착각**illusory correlation을 일으키게 된다. 즉 주위에서 B형이면서 변덕이 심한 남자를 보면 '역시 그래' 하는 식으로 생각을 하게 되는 것이다.

그런데 앞의 표에서 B형인 것과 변덕스러움과는 아무런 상관이 없다. 공변량 판단에서 휴리스틱이기는 하지만 비교적 정확한 결과를 가져오는 것은 a와 b, c와 d의 상대적 빈도를 비교하는 것이다. 즉 변덕이 심하면서 B형인 남자와 B형이 아닌 남자의 비율과 변덕이 심하지 않으면서 B형인 남자와 B형이 아닌 남자의 비율을 비교하는 것이다. 이 방법은 위의 식처럼 정교한 절차를 거치지는 않지만 네 정보를 전부 사용하기 때문에 비교적 정확한 결과를 보인다. 위 표의 경우 이것이 모두 4:1이므로 변덕이 심한 것과 B형인 것과는 특별히 관련이 없다. 이처럼 사람들은 공변량을 평가할 때 일부 정보만 사용함으로써 실제로는 관련이 없는 변인들이 관련이 있는 것처럼 잘못 판단하곤 한다.

로또 숫자는 내 생일로!

사람들은 종종 우연한 사건에 대해 자신이 통제력을 가지고 있다고 생각한다. 예를 들면, 게임을 하면서 주사위를 던질 때 자신이 원하는 수가 나오기를 바라면서 정신을 집중해 던지거나 낮은 수는 약하게, 높은 수는 세게 던지는 등의 기술을 부리는 것 등을 말한다. 우리나라 사람들이 로또를 살 때 자신에게 의미 있는 번호를 직접 골라 적고 당첨되기를 바라는 것이 바로 이에 해당한다. 엘렌 랭어 Ellen Langer, 1947~ 는 다음과 같은 실험을 통해 이 현상을 입증했다. 이 실험에서는 참가자들에게 프로 미식축구 선수들의 이름과 사진이 있는 카드를 나눠주었다. 그리고 사람들이 가진 카드와 똑같은 또 한 벌의 카드 패를 자루에 넣고 실험자가 한 장을 뽑아 그것과 같은 카드를 가진 사람이 상품을 타는 게임을 했다.

이때 한 집단은 임의로 카드를 할당받았고 다른 집단은 자신이 원하는 선수의 카드를 직접 골라 가졌다. 참가자들이 카드를

◆▾◆
사람들은 우연한 사건에 대한 객관적인 확률을 알고 있음에도 불구하고 자신이 통제력을 가지고 있다고 믿으며, 그렇게 행동한다.

나눠 갖고 게임을 기다리는 동안 실험 협조자가 참가자들에게 다가가 카드를 팔라고 말하면서 원하는 가격을 물었다. 이때 자신이 직접 카드를 골라 가진 집단은 임의로 카드를 할당받은 집단보다 네 배나 높은 가격을 매겼다. 후에 자신이 직접 카드를 고른 것이 게임에 이길 확률에 영향을 미치는지에 대해 질문을 받았을 때, 그 누구도 그렇다고 대답하지 않았다. 이러한 결과는 사람들이 우연한 사건에 대한 객관적인 확률을 알고 있음에도 불구하고 자신이 통제력을 가지고 있다고 믿으며, 그렇게 행동한다는 것을 잘 보여준다.

랭어는 이러한 행동이 일어나는 것에 대해 동기적인 설명을 한다. 기존의 휴리스틱이 다분히 인지적인 이유로 일어나는 데 비해, 자신이 통제한다는 착각은 사람들이 자신의 환경에 대해, 심지어 그것이 우연한 사건일지라도 통제력을 가지고 있다는 믿음을 갖고자 하는 데서 유래한다고 본 것이다.

자세히 말할수록 확률은 커진다?

한 심리학자가 여러분에게 해마다 우리나라 인구 10만 명당 500여 명이 죽는다고 알려주었다. 그리고 그 사망 원인에 대한 확률판단을 하도록 했다. 이때 사망률은 노환을 포함한 질병에 의한 사망률과 사고에 의한 사망률로 크게 분류된다고 가정하자.

먼저 질병에 의한 사망률을 한번 추정해보자. 얼마나 된다고 생각하는가? 그 다음은 심장질환, 암, 그리고 그 외의 질병에 의

한 사망률을 각각 추정해보자. 그리고 그다음에는 폐암, 위암, 전립선암, 유방암, 방광암, 백혈병, 그리고 기타 암에 의한 사망률을 추정해보자. 이것은 1994년에 트버스키가 발표한 논문에서 사용된 실험의 일부다. 여기에서는 여러분이 세 질문을 모두 받았지만 트버스키의 실험에서는 각기 다른 집단의 사람들이 한 질문씩 받았고 그 결과는 아래의 표와 같았다. 마지막 질문은 질병으로 인한 사망일 때 각 암이 원인이 될 확률을 물었고, 사람들에게 폐암에 따른 사망률이 7.5%라는 것을 기준점으로 알려주었다.

아래의 표에서 무엇을 발견했는가? 사망 원인을 구체적으로

사망 원인에 대한 확률판단 평균		
사망 원인	추정된 확률(%)	실제 확률(%)
1. 질병으로 사망할 확률은?		
질병에 의한 사망 원인	58	92.4
2. 아래 질병으로 사망할 확률은?		
심장질환	22	34.1
암	18	23.1
그 외의 질병에 의한 사망 원인	33	35.2
합계	73	92.4
3. 질병으로 사망할 경우 아래 암으로 사망할 확률은?		
폐암	12	7.1
위암	8	5.9
전립선암	5	2.7
유방암	13	2.2
방광암	7	1.0
백혈병	8	1.0
그 외의 암에 의한 사망 원인	17	5.1
합계	70(31)	25.0(23.1)

나누어놓을수록 사람들이 판단한 주관적 확률이 커지는 것을 볼 수 있는가? 58%와 73%를 비교하고 18%와 31%(마지막 질문은 질병으로 사망할 때 각 원인이 될 조건확률을 물었는데, 그 합계인 70%를 조건확률이 아닌 전체 사망 원인 중 암으로 사망할 경우로 값을 바꾸면 31%가 된다)를 비교하면 된다. 반면 실제 확률은 그 값이 모두 같다.

트버스키는 사람들의 판단이 확률 이론과는 달리 한 사건을 그 사건을 이루는 세부 사건으로 풀어놓는^{unpack} 경우 각 사건에 대한 주관적 지지^{support} 정도가 준가법성^{subadditivity}(전체에 대한 확률 판단이 그 전체를 이루는 부분에 대한 확률의 합보다 작은 것을 가리킨다. 준가법성 효과는 트버스키가 제시한 편향의 하나다.)을 보인다고 말한다. 즉 A를 이루는 사건이 B, C, D라고 할 때 A에 대한 주관적 지지 정도는 B, C, D의 주관적 지지 정도를 합한 것보다 작다는 것이다. 이것을 식으로 나타내면 다음과 같다.

$$s(A) < s(B) + s(C) + s(D)$$

위의 예에서 A는 질병에 의한 사망 원인이고 B, C, D는 심장질환, 암, 그외의 질병에 의한 사망 원인이다. 이는 사람들이 어떤 범주에 대해 판단할 때 그 범주를 이루는 배타적인 사건들을 풀어놓고 각 사건의 지지 정도를 합해서 범주에 대한 지지 정도를 형성하기보다는 가장 대표적이거나 가용한 사례에 기초해 전반적인 인상을 형성하는 식으로 판단을 하기 때문이다. 즉 기억이나 주의의 한계로 이러한 현상이 나타난다고 보는 것이다. 한 범주를 세부 사건으로 풀어서 제시하면 사람들은 미처 생각하지 못했던 가능성들을 상기하게 되고 결과적으로는 명시적으로 언급된 것들에 대한 지지 정도를 증가시키게 된다. 이런 현상은 확률판단에서뿐 아니라 불확실한 대안을 평가하는 데서도 나타나는데, 한 실험에서 사람들에게 보험의 선택특약에 대한 할증요금을 평가하게 했다. 첫째 조건에서는 선택특약을 어떠한 질병이나 사고로 인한 입원에 대해서도 보장해준다고 표현했고, 다른 조건에서는 막연히 어떠한 이유에 의한 입원에 대해서도 보장을 해준다고 했다. 각 조건에서 이 특약에 대해 얼마까지 더 지불할 용의가 있는지를 물었더니 전자의 경우, 즉 입원의 이유를 명시적으로 풀어 언급한 경우 사람들이 더 높은 금액을 적었다.

추가로 앞의 표에서 질병으로 사망할 확률에 대한 사람들의 판단(58%)과 실제 확률(92.4%)이 다소 큰 차이를 보이는데, 이는 사람들이 사고로 인한 사망 원인을 과대평가하기 때문이다. 이는 앞서 소개된 가용성으로 인한 결과라고 볼 수 있다. 즉 신문이나 뉴스 등을 통해 접했던 교통사고, 살인 등에 대한 정보가 쉽게 떠오르기 때문에 그 확률도 더 높게 평가되는 것이다.

끝이 좋으면 다 좋다?

앞에서 소개한 휴리스틱은 모두 인지적인 판단과 관련된 것인 반면, 지금 소개하고자 하는 것은 정서적인 정보처리와 관련된 휴리스틱이다. 판단과 의사결정 분야에서 정서에 대한 관심은

1992년 카너먼이 발표한 논문에서 **경험효용**^{experienced utility} 개념이 소개되면서 나타나기 시작했다고 볼 수 있다. 따라서 구체적인 휴리스틱의 내용을 소개하기에 앞서 경험효용에 대해 먼저 알아보자.

카너먼은 판단과 의사결정을 연구하는 심리학자들이 경제학자들을 비판하면서도 경제학의 효용 개념을 그대로 사용해왔다고 지적하면서, 기존의 효용 개념 외에 세 가지 다른 의미의 효용 개념이 있다고 말했다.

카너먼은 경제학의 효용 개념을 '**결정효용**^{decision utility}'이라고 칭하고 이에 덧붙여 **경험효용**과 '**예측효용**^{predicted utility}'을 소개했다. 경험효용은 다니엘 베르누이^{Daniel Bernoulli, 1700~1782}가 제시한 원래 효용의 의미를 가리키는 것으로 실제로 어떤 대상을 소비하면서 갖게 되는 주관적인 느낌을 말하는 것이고, 예측효용은 선택의 결과가 미래에 경험되는 경우 미래의 경험효용에 대한 개인의 믿음을 나타내는 것이다. 즉 아이스크림을 먹으면서 실시간으로 느끼는 주관적 느낌은 경험효용의 정도가 되는 것이고, 저녁을 먹고 후식으로 아이스크림을 먹기 위해 미리 사놓을 경우 그것을 얼마나 즐길지에 대한 예상 정도는 예측효용인 것이다. 새로운 효용개념을 제시하면서 카너먼은 예측효용이 경험효용과 일치하는지, 즉 사람들이 자신의 미래효용을 정확하게 예측할 수 있는지에 대한 경험적인 연구를 하게 되었는데, 그 결과 사람들의 예측이 그리 정확하지 않음을 발견한다.

이 연구 이후 카너먼은 과거에 있었던 고통이나 즐거움 같은 정서 반응을 수반한 경험을 사람들이 어떻게 기억하느냐에 관심을 가지고 일련의 연구를 하게 되었다. 이러한 문제에 관심을 갖게 된 것은 과거 경험을 어떻게 기억하느냐에 따라 사람들이 현재에 하는 선택이 영향을 받을 수 있기 때문이다. 한 가지 예로, 지난해 갔던 스키 여행을 어떻게 기억하느냐에 따라 올해에도 그곳으로 또 갈지 다른 데로 갈지가 달라질 수 있다. 카너먼은 사람들이 이처럼 과거 경험을 통합하고 기억하는 데도 일종의 휴리스틱을 사용한다는 것을 제시한다. 즉 과거 경험에서 자신이 실제로 느꼈던 정서 반응을 모두 합하기보다는 경험의 절정기나 끝날 때 자신의 정서 반응에 근거해 전체 경험을 판단한다는 것이다. 카너먼은 이를 '영화'와 '스냅 사진'으로 비유한다. 그동안 느꼈던 모든 정서들이 통합되는 것은 영화와 같은 반면, 가장 절정을 이룬 순간이나 끝날 때의 정서를 기억해서 그것으로 전체 경험을 평가하는 것은 스냅 사진과 비슷하다고 본 것이다. 연구 결과는 사람들이 영화보다는 스냅 사진처럼 과거의 경험을 기억한다는 것을 보여주었고 카너먼은 이를 **절정과 종결 법칙**peak-end rule이라고 불렀다.

이 법칙을 보여주는 아주 간단한 실험을 소개해보겠다. 사람들에게 두 가지 다른 조건에서 찬물에 손을 담그게 한다. 한 조건은 짧은 시행으로 실험 참가자들이 14°C의 물에 60초 동안 손을 담그고 있는 것이고, 다른 조건인 긴 시행에서는 다른 손을 90초 동안 담그고 있는 것이다. 그런데 그 90초의 처음 60초는 14°C의 물이었고 나머지 30초 동안은 물의 온도가 서서히 올라가 15°C가 되었다. 실험 참가자들은 두 조건을 모두 경험하고 만약 둘 중에 하나를 다시 반복해야 한다면 어느 조건을 선택할 것인지 질문을 받았는데, 대부분의 사람들은 긴 시행을 선택했다. 카너먼은 긴 시행에서 찬물이 주는 불편함의 기간은 길지만 덜 차갑게 끝나기 때문에 사람들이 그것이 덜 불편한 것으로 판단한다고 설명한다. 즉 끝이 좋으면 더 좋게 기억된다는 것이다.

사람들의 이러한 경향은 여러 연구에서 반복적으로 검증되었다. 정적^{positive}이거나 부적^{negative}인 정서를 가지고 있는 영화에 대한 기억이나 다소 고통스러운 장 내시경에 대한 기억에서도 이 휴리스틱이 적용되었다.

자, 여러분은 지금까지 설명한 휴리스틱과 편향에 대해 어떻게 생각하는가?

카너먼과 트버스키는 많은 연구를 통해 확률 지식이 있는 사람들이라도 직관적인 판단을 하는 경우에는 대개 휴리스틱한 방식으로 판단을 내리게 되고, 그 결과 편향된 판단을 할 수도 있음을 보여주었다. 물론 어떻게 하면 이러한 편향에서 벗어날 수 있는지에 대한 연구들도 있다. 그리고 판단 휴리스틱을 사용한다고 해서 항상 편향된 판단을 하는 것은 아니다. 그러나 일반적으로는 우리가 정확한 판단을 내리려는 동기를 가지더라도 위에서 제시된 휴리스틱들이 흔히 판단을 내리는 인지적인 방식이기 때문에 편향에서 자유롭기가 어렵다는 것이다.

마지막으로 언급하고 싶은 것은 이들의 휴리스틱과 사이먼의 휴리스틱에서 어떤 차이점을 발견할 수 있는가다. 이에 대해 여러분도 한번 생각해보기를 바라며, 7장에서 더욱 자세히 알아보도록 하자.

		불확실한 상황을 판단하는 여러 편향들	
		구체적 실험	편향 줄이기 기법
과신	자신의 판단이 실제 이상으로 더 옳다고 확신하는 행동	오스캠프의 실험	자신의 답이 틀릴 수 있는 이유에 대해 성찰
사후판단 편향	이미 나타난 결과에 대해 그럴 수밖에 없었다고 결정론적으로 판단하는 경향	피시호프의 닉슨과 마오쩌둥 실험	대안 결과의 가능성을 염두에 둘 것
상관의 착각	일부 사례만 선택적으로 처리하여 실제로 관련이 없음에도 관련이 있다고 판단하는 경향	공변량 판단	공변량 평가 시 다양한 변인 동시에 고려
통제력 착각	우연한 사건에 대한 직관적인 확률을 알고 있음에도 불구하고 자신이 통제력이 있다고 믿는 현상	랭어의 실험	통제력을 가지고 있다는 믿음을 갖고자 하는 동기 인식
세부 사건으로 풀어놓기	구체적으로 상황을 설명할수록 주관적 지지도가 늘어나는 현상	트버스키의 사망 원인 실험	
절정과 종결 법칙	과거 경험의 통합과 기억에 있어 객관적으로 파악하기 보다 경험 절정기와 종결기의 자신의 정서 반응에 근거해 전체 경험을 판단하는 것	카너먼의 찬물에 손 담그기 실험	

만남 6
어떤 것이 더 '유망'한가?

카너먼과 트버스키의 선택 이론인 '유망 이론prospect theory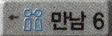'은 1979년 수리경제학의 대표 저널 《이코노메트리카》에 발표되었다. 이들의 이론도 기존의 경제학 선택 이론과 마찬가지로 수리 모델이지만 모델 안에 포함되는 함수가 심리적인 특징을 반영하고 있기 때문에 기술적인 이론으로 분류된다. 이 이론의 자세한 내용을 알아보기에 앞서 경제학의 선택 이론인 '효용 이론utility theory(효용 이론에는 여러 종류가 있다. 폰 노이만과 모르겐슈테른의 이

◆◆◆ **유망 이론**

'전망 이론'이라고 번역되기도 하고 그냥 '프로스펙트 이론'이라 불리기도 한다. 이 책에서는 'prospect'의 의미가 효용이나 가치의 개념을 대신해서 쓰였고, 한 대안이 얼마나 유망한지 그 정도를 나타내는 개념으로 사용된 것으로 보아 '유망 이론'이라고 번역했다.

론은 '기대효용 이론'이라고 불리는데, 여기서는 포괄적이고 일반적인 의미로 그냥 '효용 이론'이라고 부르고자 한다.)'에 대해 먼저 알아보자. 여기에서는 수식과 그래프가 나오지만 수학과 별로 친하지 않더라도 겁먹지 말자. 말로 풀어 설명한 것을 좀더 간단하게 표기하는 표현의 한 방법이라고만 생각해두자.

경제학자들의 영원한 연인, 효용 이론

효용 이론은 이미 앞에서 언급했듯이 수학자인 베르누이가 1738년 발표했다. 그렇다면 한 대안에 대한 주관적인 만족감을 나타내는 '효용' 개념은 어떤 배경에서 나오게 된 것일까? 17세기 학자들 사이에서는 아직 결과가 나타나지 않은 사건의 가치를 어떻게 결정해야 하는지에 대한 토론이 활발했다. 그 당시는 상업과 무역이 왕성했던 때였고 불확실한 미래의 사건에 대한 가치를 어떻게 결정해야 할 것인지가 현실적으로도 중요한 문제였다. 한 예로, 네델란드 암스테르담에서 러시아의 상트페테르부르크로 배를 보내는 상인의 경우를 생각해보자. 배를 잃을 확률이 5% 정도 된다고 할 때, 그 상인은 어느 정도의 이득을 예상할 수 있을까? 그리고 보험을 든다면 어느 정도의 보험을 드는 것이 적절할까? 이러한 문제가 당시에는 실질적으로 해결되어야 했다.

이에 대해 파스칼[Blaise Pascal, 1623~1662]과 페르마[Pierre de Fermat, 1601~1665]는 '기댓값'의 개념을 제시했다. 그 후 기댓값으로 불확실한 미래 사건의 가치를 결정하는 것이 18세기 초까지 널리 받아들여졌다. 한 예로, 동전을 던져서 앞면이 나오면 10,000원을 받게 되고, 뒷면이 나오면 5,000원을 잃게 되는 게임이 있다고 하자. 각각 동전의 앞면과 뒷면이 나올 확률이 2분의 1이라고 하면 이 게임의 기댓값은 2,500원이다. 그러므로 게임에 참가하기 위해서 2,500원 이상을 내는 것은 손해를 보는 비합리적인 행동이라고 볼 수 있다.

$$(\frac{1}{2} \times 10,000) + \{\frac{1}{2} \times (-5,000)\} = 2,500원$$

앞면이 나올 경우   뒷면이 나올 경우

그런데 '상트페테르부르크 패러독스'라는 사고실험 문제에서 기댓값에 대한 의문이 제기된다. 이 패러독스의 내용은 앞면이 나올 때까지 동전을 던져 그 횟수(n)의 2^n달러만큼의 액수를 상금으로 받는 게임이 있는데, 여기에 딱 한 번 참가한다면 어느 정도의 참가비를 내야 하는지 묻는 것이다. 이 문제에서 기댓값

◆◆◆ **페르마**

17세기 프랑스의 수학자. 취미로 수학에 관심을 가졌던 아마추어 수학자였으나 여러 획기적인 업적으로 인해 17세기 최고의 수학자로 간주되고 있다. 근대의 정수 이론의 창시자로 알려져 있고, 극대값과 극소값을 결정하는 여러 가지 방법을 창안해 후일 뉴턴의 미적분학의 기초를 쌓았다. 또한 3차원 공간을 다룬 해석기하학을 수립했으며, 파스칼과 함께 논의한 확률 이론을 제기, 현대 기하학과 확률론의 근간을 만들었다고 평가받는다.

으로 지불액을 정하는 경우 n이 무한대로 가게 되면 기댓값의 액수도 다음과 같이 무한대가 나온다.

$$(\frac{1}{2})\times2^1 + (\frac{1}{2})^2\times2^2 + (\frac{1}{2})^3\times2^3 + (\frac{1}{2})^4\times2^4 + \cdots = \infty$$

그런데 사람들에게 이런 게임에 대해 설명해주고 참가하기 위해 얼마까지 지불할 용의가 있냐고 물어보면, 평균 8달러 정도의 값을 이야기한다고 한다. 따라서 무한대의 기댓값과 상식적으로 적당하다고 생각하는 값, 8달러는 크게 차이가 난다. 이것을 베르누이는 '패러독스'라고 본 것이다. 이에 대해 베르누이는 효용의 개념을 제시하면서 돈 액수의 객관적인 가치보다 주관적인 가치를 가지고 게임의 가치를 결정해야 한다고 주장했다. 다양한 종류의 재화나 서비스에 대한 효용이 있을 수 있지만 여기서는 편의상 '돈'에 대한 효용으로 논의를 전개하고자 한다. 베르누이는 돈의 주관적인 가치는 자신이 이미 얼마를 가지고 있느냐에 따라 달라질 수 있다고 보았는데, 이를 함수로 나타내면 다음의 그래프와 같다.

효용함수 utility function 는 객관적인 돈의 액수가 커질수록 효용이 증가하는 정도가 점차 감소하는 특성을 가지고 있다. 즉 그래프에서 보듯이 10,000원을 가지고 있다가 10,000원이 더 생긴 경우 추가 10,000원의 효용(a)은 50,000원을 가지고 있다가 생긴 추가 10,000원의 효용(b)보다 더 크다. 그런데 이 효용함수의 문제는 사람들이 이미 얼마를 가지고 있는지와 상관없이 항상 0에

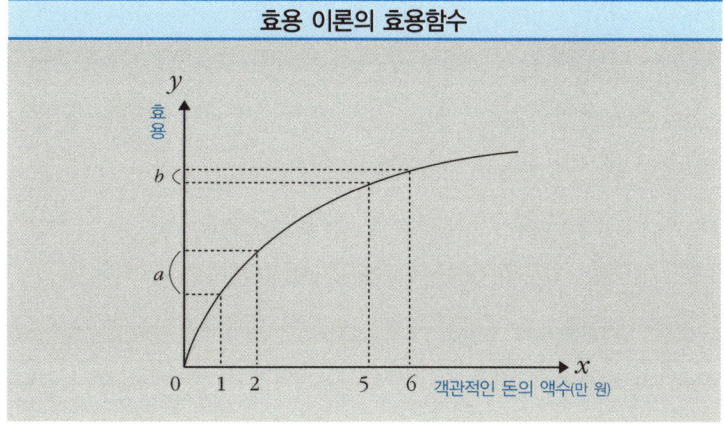

서 출발한다는 데 있다. 카너먼은 이를 베르누이의 실수라고 지적하면서, 사람들이 주관적 가치를 판단하는 방식은 0에서 출발하기보다는 자신이 가지고 있는 것을 기준으로 얼마나 이득이나 손실을 보는지 따진다는 것이다. 그러므로 유망 이론에서는 효용함수 대신 '가치함수$^{value\ function}$'가 전체 대안의 유망한 정도를 결정하는 데 들어가게 된다. 다음은 효용 이론과 유망 이론의 수식이다. 한번 비교해보자.

효용 이론: $U(X) = u(x_1)p(x_1) + u(x_2)p(x_2) + \cdots + u(x_n)p(x_n)$
유망 이론: $V(X) = v(x_1)\pi(x_1) + v(x_2)\pi(x_2) + \cdots + v(x_n)\pi(x_n)$

위 식에서 X는 '동전 던지기' 또는 '배에 상품을 싣고 팔러 떠나기'처럼 어떤 사건(또는 대안)을 가리키는 것이고 $x_1, x_2, \cdots, x_n$은 그 사건을 이루는 여러 가능한 결과를 가리킨다. 즉 동전을 던지면 앞면이 나올 수도 있고 뒷면이 나올 수도 있으며, 배로 교역을 하는 경우 목적지에 무사히 도착할 수도 있고 풍랑을 만나 중간에 물건을 잃을 수도 있다. 실제로 결과가 나타나기 전에는 어떤 결과가 나올지 미리 알 수 없으므로 각각의 가능한 결과를 모두 고려하고, 그 결과들이 얼마만큼의 보상을 가져다주며 어느 정도로 나타날 가능성이 있는지를 고려하는 것이다.

효용 이론에서는 각 결과의 효용(u)과 확률(p)을 곱한 것의 합으로 전체 사건의 효용을 구한다. 또한 유망 이론에서는 각 결과의 가치(v)와 결정가중치(π)$^{\text{decision weights}}$를 곱한 것의 합으로 전체 사건의 유망한 정도를 구한다. 즉 효용과 유망한 정도를 구하는 기본 틀은 모두 확률 이론에 기초한 것으로서 동일하다. 그러나 그 안에 들어가는 함수의 내용이 달라지고, 유망 이론의 경우 앞에서도 말했듯 함수 자체가 사람의 심리적 특징을 반영하므로, 효용 이론이 설명하지 못하는 인간의 실제 선택행동을 설명할 수 있는 것이다.

이제 본격적으로 유망 이론을 이루는 함수의 특징을 살펴보며 이 이론에 대해 자세히 알아보자.

새로운 기대주, 유망 이론

먼저 가치함수를 그림으로 보면 다음의 그래프와 같다.

가치함수는 효용함수처럼 절대 0점에서 시작되지 않는다. x축이 y축을 자르는 지점은 현재의 자산 상태로, 카너먼과 트버스

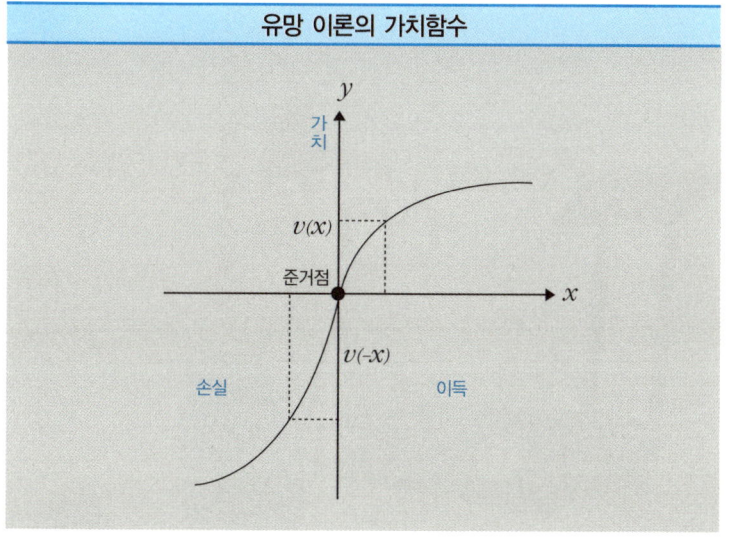

키는 이를 준거점 reference point이라고 부른다. 즉 나의 현재 상태에서 어떤 대안이 지닌 가치를 고려한다는 것이다. 그리고 대안의 가치에 대한 구체적인 평가 evaluation를 하기에 앞서 이를 단순화해 편집 editing하는 과정이 먼저 일어난다. 즉 대안을 이루고 있는 여러 가능한 결과들이 이득을 가져오는지, 아니면 손실을 가져오는지 크게 '긍정적인 틀'과 '부정적인 틀'로 나누어본다는 것이다.

이처럼 가치함수는 나의 현재 상태가 준거점이 되어 고려하는 대안이 이득을 가져다주는지 손실을 가져다주는지 그 변화량에 민감하게 반응한다. 그런데 이득과 손실 영역에서의 가치함수가 좀 다르다. 우선 이득 영역에서는 객관적인 돈의 액수가 증가함에 따라 가치가 증가하는 정도가 감소하는 함수이고, 반면 손실

◆◆◆
1만 원을 길에서 주웠을 때의 기쁨보다 1만 원을 잃어버렸을 때의 상실감이 더 크게 나타나는 것을 손실혐오라고 하며 이 현상은 마케팅에서 실제로 활용되기도 한다.

영역에서는 객관적인 돈의 액수가 증가함에 따라(x축의 화살표 방향) 가치의 증가량이 늘어나는 함수다. 이러한 함수의 모양은 이득의 양이 많아지거나 손실의 양이 많아지면(x축의 화살표 반대 방향), 객관적인 금액의 변화에 비해 가치의 변화가 상대적으로 작아짐을 나타낸다. 이는 효용함수도 마찬가지다. 단지 효용함수의 경우 이득과 손실의 영역으로 나뉘어 있지 않을 뿐이다. 이러한 특성은 사람들이 여러 물리적인 자극(소리, 빛, 무게 등)을 처리하는 데서도 나타난다. 예를 들면, 촛불이 10개 있을 때 한 개를 더 켜면 사람들은 밝기의 차이를 감지할 수 있지만, 100개가 있을 때 한 개를 더 켠 경우에는 그 차이를 알아차리기가 힘들다. 적어도 10개는 더 켜야 사람들이 밝기의 변화를 느낄 수 있을 것이다.

가치함수의 또 다른 특징은 그림에서 볼 수 있듯이 손실 영역에서의 기울기가 이득 영역에서의 기울기보다 더 가파르게 변화한다는 것이다. 그 결과 x를 이득으로 얻은 경우와 x를 잃은 경우 그 심리적 반응의 강도가 손실일 때 더 크게 나타난다. 한 예로, 1만 원을 길에서 주웠을 때의 기쁨보다 1만 원을 잃어버렸을 때의 상실감이 더 크게 나타난다는 것이다. 카너먼과 트버스키는 이것을 **손실혐오** loss aversion라고 불렀다.

이 손실혐오 현상은 마케팅에서 실제로 활용되기도 한다. 우리는 가끔씩 광고에서 한 달 후 제품이 맘에 들지 않으면 반품시

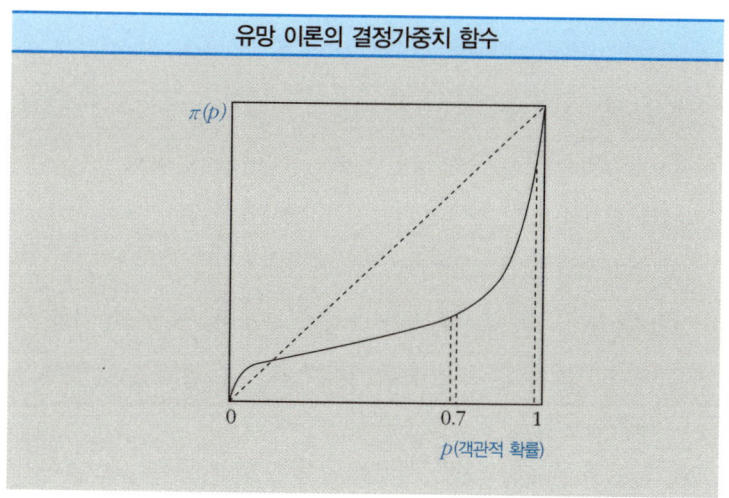

유망 이론의 결정가중치 함수

킬 수 있고 금액 전부를 환불해준다는 말을 듣곤 한다. 이 말에 사람들은 귀가 솔깃해지고 부담을 덜 느껴 한층 쉽게 구매 결정을 한다. 그러나 막상 한 달이 지나면 그 제품이 썩 마음에 들지 않아도 돌려주고 돈을 받기가 쉽지 않다. 그것은 제품을 내놓는 것에 대한 손실감이 돌려받는 돈이 주는 이득감보다 크기 때문이다. 그런 광고를 보면 '저렇게 물건을 팔아도 돈이 남을까?' 하는 의구심을 가질 수 있는데, 이것은 생각보다 효과적인 마케팅 기법일 수 있다.

유망 이론의 둘째 요소인 '결정가중치(π)'는 객관적인 확률을 사람들이 주관적으로 어떻게 지각하는지 반영하는 함수다. 객관적인 금액(x)에 대한 가치 지각(y)도 $y=x$로 이루어지지 않듯이 객관적인 확률 p에 대한 주관적 지각 $\pi(p)$도 $\pi(p)=p$(그래프에서 점선)의 관계를 갖지 않는다.

앞의 그래프를 보면 작은 확률값은 과대평가되고 대부분의 값은 과소평가되는 것을 볼 수 있다. 또한 1에 가까워지면서 결정가중치의 값이 빠르게 변화하는 것을 볼 수 있다. 이 함수에 근거해서 보면 0.69에서 0.7로의 0.01의 변화보다는 0.99에서 1로의 0.01의 변화가 심리적 영향이 훨씬 크다. 카너먼과 트버스키는 이를 **확실성 효과**certainty effect라고 부르는데, 이것은 확률 1이 갖는 심리적 효과가 큰 것을 가리킨다.

다음은 카너먼과 트버스키가 유망 이론을 발표한 논문에서 사용한 예제다. 여러분도 문제를 읽어보고 어떤 선택을 할 것인지 한번 생각해보자.

자, 여러분이라면 A와 B 중 어떤 것을 선택하겠는가? 아마도

> **문제1** 현재 **10,000원을 가지고 있다고 가정하고**
> A 0.5의 확률로 10,000원을 더 받거나 0.5의 확률로 아무것도 받지 못한다.
> B 1의 확률로 5,000원을 더 받을 수 있다.
>
> **문제2** 현재 **20,000원을 가지고 있다고 가정하고**
> A 0.5의 확률로 10,000원을 잃거나 0.5의 확률로 아무것도 잃지 않는다.
> B 1의 확률로 5,000원을 잃는다.

여러분이 카너먼과 트버스키의 실험에 참가한 사람들과 비슷하다면, 대부분은 문제 1에서는 B를 선택하고, 문제 2에서는 A를 선택했을 것이다. 이들의 실험에서는 문제 1에서 84%가 B를 선택했고, 문제 2에서는 68%가 A를 선택했다.

이러한 반응은 효용 이론으로는 설명이 되지 않는다. 효용 이론에서는 0에서 시작해 최종 결과에 대한 효용을 구한다. 즉 문제 1의 A는 0.5의 확률로는 기존의 10,000원과 새로 받는 10,000원을 합해서 20,000원을 갖게 되고, 0.5의 확률로는 기존의 10,000원만 갖게 된다. A의 효용을 식으로 나타내보자.

(1) $0.5 \times u(20{,}000원) + 0.5 \times u(10{,}000원)$

문제 1에서 B의 효용은 기존의 10,000원과 새로 받는 5,000원을 합해서 $u(15{,}000원)$이다. 문제 2의 A는 기존의 20,000원에 0.5의 확률로 10,000원을 잃게 되므로 결과적으로 10,000원이

남게 되고, 0.5의 확률로는 아무것도 잃지 않아 원래의 20,000원을 그대로 갖게 된다. 이를 식으로 나타내면 다음과 같다.

(2) $0.5 \times u(10,000원) + 0.5 \times u(20,000원)$

(2)는 (1)과 순서만 다르지 전체 효용은 같다. 문제 2에서 B의 효용도 u(15,000원)로 문제 1의 B와 같다. 따라서 문제 1에서 B를 선택했을 때, 이 사람의 효용함수에 따르면 $0.5 \times u(20,000원) + 0.5 \times u(10,000원)$가 u(15,000원)보다 작다는 것이다. 그렇다면 문제 2의 상황에서도 B를 선택해야 효용함수에 따라 일관성 있는 선택을 한 것이 된다. 그러나 앞에서도 밝혔듯이 실제 사람들의 반응은 문제 1에서는 B를, 문제 2에서는 A를 더 많이 선택한다.

유망 이론은 이를 잘 설명하는데, 문제 1의 10,000원과 문제 2의 20,000원은 현재 자산 상태로서 준거점이 되며 문제 1은 이득을 가져오는 상황으로, 문제 2는 손실을 가져오는 상황으로 틀 지어진다 framing. 이득과 손실에 따라서 사람들의 불확실한 결과에 대한 선호는 달라지는데, 일반적으로 사람들은 불확실한 이득보다는 확실한 이득을 선호하는 '위험회피 risk aversion' 성향을 보인다. 또한 확실한 손실보다는 불확실한 손실을 더 선호하는 '위험추구 risk seeking' 성향도 보인다. 즉 앞서 언급한 '확실성 효과'가 이득 영역에서는 확실한 결과를 선호하는 것으로 나타나지만, 손실 영역에서는 확실한 결과가 더 회피되는 것으로 나타나는 것이다.

이처럼 유망 이론에서는 나의 현재 상태에서 고려한 대안이 이득을 가져다주는지, 손실을 가져다주는지 틀을 짓는 것이 그 대안의 위험한 정도를 얼마나 받아들일지에도 영향을 미친다. 이러한 현상을 **틀 효과**framing effect라고 하는데, 이를 잘 보여주는 또 다른 예로 '아시아 질병Asian disease' 문제가 있다.

아시아 질병

아시아의 한 지역에 지금 희귀한 전염병이 돌고 있고 이 전염병으로 600명 정도의 사람이 죽을 것으로 예측된다. 이 전염병을 막기 위해 두 가지의 프로그램이 제시되었고, 전문가는 각 프로그램의 결과를 다음과 같이 예측하고 있다. 만약 여러분이 어느 프로그램을 실행시킬지에 대한 선택권을 가지고 있다면, 프로그램 A와 B 중 어느 것을 선택하겠는가?(응답자들에게는 다음 두 가지 중 하나만 제시된다)

긍정적인 틀 만약 프로그램 A가 채택되면 200명의 사람이 확실히 살 수 있고, 프로그램 B가 채택되면 600명이 살 수 있는 확률이 3분의 1이고, 아무도 살지 못할 확률이 3분의 2다.

부정적인 틀 만약 프로그램 A가 채택되면 400명의 사람이 확실히 죽게 되고, 프로그램 B가 채택되면 아무도 죽지 않을 확률이 3분의 1이고, 600명이 죽게 될 확률이 3분의 2다.

이 예에서도 긍정적인 틀을 제시하면 많은 사람들이 확실한 결과를 가져오는 프로그램 A를 선호하는 반면, 부정적인 틀을 제시하면 불확실한 결과인 프로그램 B를 더 많이 선택한다. 즉

같은 결과라도 긍정적인 틀로 제시하는지, 부정적인 틀로 제시하는지에 따라 사람들의 선택이 다르게 나타나는 것이다.

지금까지 효용 이론과 유망 이론이 어떻게 다른지 살펴보았다. 다시 간단히 요약하자면, 효용 이론은 대안의 주관적인 평가가 0에서 시작해 최종 자산 상태에 대해 이루어진다. 반면, 유망 이론에서는 고려하는 대안이 현재 상태에서 이득을 가져오는지 손실을 가져오는지, 그리고 변화량이 어느 정도인지를 평가하게 된다. 또한 이득보다는 손실의 영향력이 상대적으로 크게 나타나며, 객관적인 확률보다는 사람들이 이것을 주관적으로 어떻게 지각하는지가 반영된다는 것이다.

'선호'는 움직이는 거야!

선택에 대해 마지막으로 언급하고 싶은 것은 선택의 기반이 되는 선호preference에 대한 경제학과 심리학의 관점 차이다. 경제학에서는 사람들이 모든 것에 대해 분명한 선호를 가지고 있으며 이러한 선호는 안정적이고 일관성이 있다고 본다. 따라서 사람들은 선택 상황에서 자신의 선호를 '행동으로 드러내면' 되는 것이라고 보았다. 그러나 선택에 대한 심리학의 연구는 다른 결과를 보여준다. 즉 선호라는 것이 경제학에서 가정하듯이 그리 안정적이지는 않다는 것이다. '틀 효과'가 그 대표적인 예라고 볼 수 있다. 똑같은 기댓값을 갖는 대안이라도 이를 어떻게 표현하느냐에 따라 사람들의 선호는 달라진다. 또 다른 예로 들 수 있는 것은

선호역전preference reversal 현상이다. 이는 사람들의 선호를 유발하는 방식에 따라 선호가 바뀌는 것을 가리킨다. 다음의 예를 보자.

> (A) 0.99의 확률로 40,000원을 따거나 0.01의 확률로 10,000원을 잃는 게임
> (B) 0.33의 확률로 160,000원을 따거나 0.67의 확률로 20,000원을 잃는 게임

 여러분이라면 어느 게임을 선택하겠는가? 여러분이 지금까지 실험에 참가한 사람들과 비슷하다면 아마도 A를 더 많이 선택할 것이다. 그런데 재미있는 것은 사람들에게 선택을 하는 것이 아니라 각 게임이 얼마나 매력적인지를 가격으로 매겨보라고 하면, B에 더 높은 가격을 매긴다. 이러한 결과는 일관적이지 않은데, 선택한 대안이 더 매력적인 것이라면 그에 대한 가격도 더 높게 나와야 하기 때문이다. 이를 연구한 심리학자들은 사람들에게 선호를 유발하는 방식에 따라 그들이 주의를 두는 게임의 요소가 달라진다고 설명한다. 즉 선택을 하게 하면 돈을 받게 될 가능성에 더 주의를 두는 반면, 가격을 매길 때는 받는 돈의 금액을 기준으로 해서 확률 정도로 가격을 조정하기 때문에(4장에서 설명한 '기준점과 조정 휴리스틱'을 기억하는가?) 많은 돈을 받는 B에 상대적으로 높은 가격을 매긴다는 것이다(특히 위 문제의 경우 A에서는 0.99의 확률로 돈을 받을 수 있기 때문에 거의 확실한 결과라고 생각해서 나타나는 '확실성 효과'일 수도 있다). 이러한 결과는

사람들의 선호가 안정되어 있기보다는 선호를 표현하는 순간의 상황 요인에 영향을 받아 구성되는 측면이 다분하다는 것을 보여준다. 실제로 기업들이 광고와 마케팅에 수많은 돈을 투자하는 이유도 이 '움직이는' 선호를 잡기 위해서일 것이다.

만남 7
사이먼과 카너먼, 그 이후

지금까지 사이먼의 의사결정과 문제해결, 카너먼의 선택과 판단에 대한 연구 내용을 살펴보았다. 본 장에서는 사이먼과 카너먼의 공통점과 차이점, 그리고 이들 연구에 대한 다른 연구자들의 반응에 대해 알아보고자 한다.

'휴리스틱'의 두 얼굴

두 연구자는 모두 경제학의 선택 이론인 효용 이론에 반기를 들고, 그 대안이 되는 심리학적 의사결정 이론을 제시했다는 점에서 동일하다. 이들은 둘 다 수학에 능통해 경제학자들과 직접 의사소통이 가능했고, 선택에 대한 그들의 주요 논문도 모두 권위 있는 경제학 학술지에 실렸다. 또한 두 연구자 모두 '휴리스틱' 개념을 중시했다. 따라서 경제학이나 확률 이론, 통계학에서 제시하는 규범적인 이론에 대해 실제 인간이 선택하고 판단을 내리는 인지 과정을 '휴리스틱'이라고 표현했다. 카너먼이 휴리스틱을 사용한 것은 사이먼의 영향을 직접적으로 받은 것이다. 그런데 재미있는 사실은 휴리스틱을 사용한 결과에 대한 두 연구자의 결론이 다르다는 것이다. 사이먼의 경우 휴리스틱을 사용하는 것이 알고리즘을 적용할 수 없는 방대한 문제공간을 가진 문제해결에서, 적은 정보로 빠른 시간 내에 문제를 해결할 수 있도록 도와준다는 면에서 적응적이라고 보았다. 반면, 카너먼의 연구에서는 휴리스틱을 사용한 결과 편향된 판단을 하게 된다고 보았다. 물론 카너먼과 트버스키도 휴리스틱이 대체로 효율적인 방법으로 비교적 정확한 판단을 내리게 한다고 언급했다. 하지만 사람들이 휴리스틱을 사용한다는 증거를 편향된 판단으로 보여주고자 했던 그들의 연구 방법 때문에, 휴리스틱을 사용함으로써 편향된 판단을 내린다는 점이 더 주의를 끌게 된 것이다. 그러므로 이들이 의도했든 아니든 인간의 판단은 다분히 비합리적irrational이라는 메시지를 전달하게 된다.

    카너먼과 트버스키의 연구방법에 직접적인 영향을 미친 사람은 워드 에드워즈Ward Edwards였다. 그는 실험심리학으로 하버드 대학에서 박사학위를 받았는데, 인간의 의사결정 문제와 어떻게 하면 더 나은 선택을 할 수 있는가 하는 주제에 늘 관심을 가졌다. 1954년 경제학과 심리학을 통합한 그의 의사결정이론 논문은 의사결정을 심리학의 연구 주제로 처음 소개했다는 평가를 받기도 했다. 그는 1958년부터 미시간 대학의 교수로 재직하게

되었는데, 트버스키도 그곳에서 박사과정을 밟았다. 에드워즈가 그의 지도교수는 아니었지만 이 둘은 책을 같이 쓰는 등 관심사를 공유했다. 에드워즈는 인간이 판단을 더욱 정확하게 하기 위한 방법으로 수학자인 토머스 베이스$^{Thomas\ Bayes,\ 1702\sim1761}$의 정리를 중요시했다. 그의 견해에서는 '베이스의 정리$^{Bayes'\ theorem}$'만이 규범적인, 실제로 인간의 선택과 판단을 개선시킬 수 있는 기준을 제시하는 이론이었다. 베이스의 정리는 조건확률을 구하는 수학 공식으로, 초기 믿음이 있고 추가 정보로 인해 이 믿음을 수정할 때 적용할 수 있는 식이다. 이것은 보통 $p(A|B)$로 나타내는데, 이는 B라는 사건이 일어난 조건하에서 A라는 사건이 일어날 확률을 말한다. 에드워즈는 사람들의 판단이 베이스의 정리에 따라 이루어지는지에 관심을 가졌고, 사람들에게 확률 문제를 주고 판단하게 한 후 그 판단이 베이스의 정리에 따라 이루어지는지 비교했다. 그가 사용한 확률 문제를 예로 들면 다음과 같다.

> 100개의 구슬이 든 큰 주머니가 두 개 있다. 한 주머니에는 빨간 구슬이 70개, 파란 구슬이 30개 들었고 다른 주머니에는 빨간 구슬이 30개, 파란 구슬이 70개 들었다. 두 주머니 중 하나를 선택해 거기에서 구슬 12개를 꺼냈는데, 그 결과 8개의 빨간 구슬과 4개의 파란 구슬이 나왔다. 그러면 이 12개의 구슬은 빨간 구슬이 70개인 주머니에서 나왔을 확률이 얼마나 되겠는가?

이 문제에서 초기 믿음은 0.5다. 즉 12개의 구슬에 대한 정보가 없는 상태에서는 어떤 주머니가 선택되었을지 확률이 반반이다. 12개의 구슬을 뽑고 그 결과 빨간 구슬이 더 많았다는 것은 추가 정보에 해당한다. 그런데 여기서 묻는 것은 이러한 결과가 나타난 조건하에서 선택된 주머니가 빨간 구슬이 더 많은 주머니였을 확률을 구하는 것이다. 자, 이제 잠시 멈추고 확률을 구해보자. 베이스의 정리를 몰라도 상관없다. 일단은 본인의 생각, 또는 느낌대로 대답해보자.

여러분이 이러한 실험에 참가했던 대다수의 참가자와 비슷하다면, 아마도 대답은 0.7에서 0.8 정도일 것이다. 그런데 베이스의 정리에 따라 계산을 하면 정확한 확률은 0.97이다. 이런 결과를 보고 에드워즈는 사람들이 애초의 믿음을 수정하는 데 '보수적' 경향을 보인다고 표현했다. 즉 초기의 믿음을 수정하는 데 추가 정보의 영향이 상대적으로 적게 고려된다는 것이다. 반면 카너먼과 트버스키는 반대의 결과를 보여준다. 즉 초기 믿음을 형성하는 사전확률이 무시되고 오히려 추가 정보의 전형성에 근거해 사람들이 판단을 내린다는 것이다(4장의 '대표성 휴리스틱'을 기억하는가?). 베이스 정리에 대한 결과가 다르기는 하지만, 여하

◆◆◆ 베이스

영국의 수학자. '베이스의 정리'를 남겼다. 생전에는 주로 종교 지도자로 활동했는데, 《신의 자비|Divine Benevolence》(1731) 등의 저서를 통해 뉴턴의 추론에 담긴 논리적 근거를 지지하고 버클리를 비판했다. 그의 수학에 관한 저작들은 모두 사후에 출간되었다.

튼 규범적인 이론이 제시하는 값과 실제 사람들이 내린 판단 사이에 차이가 있음을 보여주는 것은 카너먼과 트버스키가 자신들의 판단 휴리스틱에 대한 이론을 전개하는 데 중요한 연구 방법이 되었다.

한편, 사이먼의 연구방법과 적응적인 휴리스틱의 개념을 더 직접적으로 계승한 사람은 독일의 심리학자 게르트 기거렌처^{Gerd} $^{Gigerenzer,\ 1947\sim}$ 이다. 기거렌처는 1990년대 이후 카너먼과 트버스키에 대한 비판적인 연구로 주목받기 시작했다. 그가 1995년에 발표한 논문은 어떻게 하면 사람들이 베이스의 정리에 따라 판단을 하게 되는지를 잘 보여준다. 그는 카너먼과 트버스키가 연구 프로그램에서 쓴 것과 똑같은 문제를 사용하면서, 대신 확률 정보를 빈도 정보로 바꾸어 제시한다. 예를 들면, 다음과 같다.

◆◆◆ **게르트 기거렌처**

독일 심리학자로, 의사결정에 있어 제한된 합리성과 휴리스틱에 대한 논의를 주로 연구한 학자이다. 특히 의학 분야의 선택 문제를 주제로 다루었다. 카너먼과 트버스키에 대한 비판으로 특히 유명한데, 카너먼이 인지적인 편향에 더 강조점을 두었던 것과는 달리, 휴리스틱을 통해 더 나은 결정을 내릴 수 있는 가능성에 대해 주로 탐구했다. 주저로 《제한된 합리성:적응 가능한 도구Bounded Rationality:The Adaptive Toolbox》(2001)와 《우리를 현명하게 하는 간단한 휴리스틱Simple Heuristics That Make Us Smart》(1999)이 있다.

> **기거렌처의 빈도 정보**
>
> 확률   정기적으로 유방암 검사를 받는 40세 여성의 1%는 유방암을 가지고 있다. 유방암을 가지고 있는 여성이 엑스레이를 찍으면 80%는 결과가 양성으로 나온다. 유방암이 없는 여성이 엑스레이를 찍는 경우에도 그 결과가 양성으로 나올 수 있는데, 확률은 9.6%다. 지금 40세의 한 여성이 엑스레이를 찍었고 결과가 양성으로 나왔다. 이 여성이 실제로 유방암을 가지고 있을 확률은 얼마나 되는가?
>
> _____ %
>
> 빈도   정기적으로 유방암 검사를 받는 40세 여성 1,000명 중 10명은 유방암을 가지고 있다. 유방암을 가지고 있는 여성이 엑스레이를 찍으면 10명 중 8명은 결과가 양성으로 나온다. 유방암이 없는 여성 990명 중 95명 또한 엑스레이의 결과가 양성으로 나온다. 지금 40세의 한 여성이 엑스레이를 찍었고 양성 결과가 나왔다. 이 여성이 실제로 유방암을 가지고 있는 경우는 얼마나 될까?
>
> _____ 명 중 _____ 명

위 문제는 카너먼과 트버스키, 슬로빅이 저술한 《불확실한 상황에서의 판단 : 추단법과 편향》에 실린 임상판단에 대한 논문에서 사용된 문제다. 의사들은 환자가 유방암을 가지고 있는지 아닌지 검사하지 않고 알 수 없다. 그것을 알기 위해 유방 엑스레이를 찍는 것이고 그 결과에 따라 유방암일 확률이 얼마나 되는지를 판단한다. 위 문제에서 요구하는 답을 조건확률로 나타내면 검사 결과가 양성이라는 조건하에 실제로 유방암을 가지고 있을 확률, 즉 $p(유방암^+ \mid 양성)$를 판단해야 하는 것이다. 앞에서 언급한 논문에서는 문제를 확률 양식으로 제시했는데 100명의 의사 중 95명이나 문제의 답으로 70~80% 사이의 값을 제시했다. 그러나 이 값은 베이스의 정리에 따라 계산한 정답인 7.8%와 큰 차이를 보인다. 이러한 결과는 의사들이 사전확률인 유방암의 발생확률(1%)을 무시하고 $p(\text{유방암}^+ \mid \text{양성})$와 $p(\text{양성} \mid \text{유방암}^+)$를 혼동하기 때문이라고 설명했다. 베이스의 정리에 따라 문제에서 요구하는 조건확률을 구하는 방식은 다음과 같다.

$$p(\text{유방암}^+ \mid \text{양성})$$
$$= \frac{p(\text{양성} \mid \text{유방암}^+) \times p(\text{유방암}^+)}{p(\text{양성} \mid \text{유방암}^+) \times p(\text{유방암}^+) + p(\text{양성} \mid \text{유방암}^-) \times p(\text{유방암}^-)}$$

그런데 재미있는 것은 기거렌처가 보여주었듯이 위 문제에서 빈도 양식으로 문제를 제시하면 사람들은 자연스럽게 베이스의 정리에 따라 사고하게 되고, 많은 사람이 정확하게 판단을 내린다는 것이다.

이에 대해 기거렌처는 확률보다는 빈도가 우리의 인지 양식에 더 적합한 정보의 형태라고 말한다. 즉 확률이나 %는 전체 결과에 대한 빈도를 다 알고 있는 상태에서 계산한 것인 반면, 빈도는 우리가 일련의 사건을 경험하면서 자연스럽게 습득하는 것이다. 실제로 다른 인지심리학 연구에서는 빈도 정보가 우리가 주의를 기울이지 않아도 자동적으로 처리되는 정보의 하나라는 것을 보여주고 있다. 이것은 인간뿐 아니라 벌, 오리, 쥐, 개미 등의 먹이 찾기 행동에서도 나타난다. 이는 그만큼 환경에서의 빈

유방암에 걸릴 확률	유방암의 빈도
$p(\text{유방암}^+ \mid \text{양성})$ $= \dfrac{0.8 \times 0.01}{0.8 \times 0.01 + 0.096 \times 0.99}$ $p(\text{유방암}^+) = 0.01$ $p(\text{양성} \mid \text{유방암}^+) = 0.8$ $p(\text{양성} \mid \text{유방암}^-) = 0.096$	$p(\text{유방암}^+ \mid \text{양성})$ $= \dfrac{8}{95 + 8}$ 1,000명 → 10명 유방암$^+$ (8명 양성, 2명 음성), 990명 유방암$^-$ (95명 양성, 895명 음성)

도 변화가 생존에 중요하기 때문일 것이다. 또한 빈도로 정보를 제시함으로써 다음의 도식에서 보는 것과 같이 문제에서 묻는 답을 구하는 데 필요한 계산, 그리고 주의를 두어야 하는 정보의 양이 훨씬 줄어드는 이점도 있다.

    이 연구를 기점으로 기거렌처는 카너먼과 트버스키의 연구 방법과 그들이 결과에서 이끌어낸 시사점에 대해 맹렬히 비판한다. 우선 연구 방법에 대해서는 카너먼과 트버스키가 처리 중심의 연구를 하기보다 결과에 치중한 연구를 한다고 지적했다. 즉 그들이 제시한 휴리스틱이 단계별로 어떤 처리 과정을 거쳐 일어나는지 명시하지 않고, 제시한 문제에서 나온 결과를 보고 그것이 규범적 이론에서 벗어났다는 사실을 통해 휴리스틱의 사용을 입증하려 한다는 것이다. 또한 사람들이 정보를 처리하는 방식(이를 '인지 알고리즘'이라고 표현했다)에 맞지 않는 형태의 정보를 주고 그들의 판단이 '편향'되었다고 하는 것은 적절치 않은 결론이라고 비판했다.

이후 기거렌처는 그의 동료 연구자들과 함께 사이먼의 '제한된 합리성'에 근거해 '빠르고 적은 정보를 이용하는 fast and frugal' 휴리스틱을 제안한다. 그리고 휴리스틱을 사용해서 판단을 내려도 상당히 정확한 결과가 나타난다는 것을 실제 실험과 컴퓨터 시뮬레이션으로 보여주었다. 이러한 그의 연구 방법과 휴리스틱에 대한 관점은 모두 사이먼의 영향이라고 볼 수 있다.

이후 카너먼도 보다 처리 지향적인 휴리스틱 개념을 제시했다. 그는 2002년 노벨 경제학상 수상 강연에서 이전의 휴리스틱을 포괄하는 처리 개념을 제시했는데, 그것이 바로 '접근 용이성 accessibility'이다. 접근 용이성이란 장기 기억 내에 있는 정보가 얼마나 접근이 쉬운가의 정도를 가리키는 개념이다. 그는 먼저 우리가 정보를 처리하는 방식은 크게 두 가지가 있다고 보고, 이를 각각 시스템 1, 시스템 2라고 부른다. 시스템 1은 빠르고 자동적이며, 정신적 노력을 요구하지 않고, 연상적이며 통제를 하거나 수정하기가 어렵다는 특징을 가지고 있다. 반면 시스템 2는 느리고 계열적이며, 정신적 노력을 요구하고, 의도적으로 통제될 수 있으며, 상대적으로 융통성이 있고, 규칙에 따라 처리된다. 이러한 구분은 여러 연구자들이 제안해온 것인데 대표적인 예를 들면 다음과 같다.

시모어 엡스타인 Seymour Epstein은 '체험 시스템 experiential system'과 '합리 시스템 rational system'으로 구분하고, 케네스 해먼드 Kenneth Hammond는 '직관 intuitio'과 '분석 analysis'으로 구분하며, 스티븐 슬로먼 Steven

Sloman은 '연상 시스템associative system'과 '규칙 기반 시스템rule-based system'으로 구분한다. 명칭은 달라도 내용은 크게 다르지 않다. 즉 정보를 처리하는 방식에는 크게 두 가지가 있다고 보았는데, 구체적인 특징은 카너먼의 시스템 1, 2와 비슷하다.

카너먼은 사람들의 직관적인 판단에 대해 연구했는데, 직관적인 판단은 대개 시스템 1의 산물이다. 시스템 1에서는 장기 기억에 저장되어 있는 정보 중 접근이 쉬운 정보가 활성화되어 인출되고 이것이 답변하는 내용에 영향을 미치게 된다. 예를 들어, '틀 효과'는 문제를 달리 표현한 것이 그 문제의 다른 측면이 접근되도록 한 결과로서 나타나는 현상이며, 유망 이론의 핵심은 일반적으로 가치의 절대값보다 변화량이 더 접근하기 쉽다는 것이다. 따라서 직관적인 판단에 대해 이해하기 위해서는 어떤 요인들이 특정 정보의 접근 용이성을 높이는지 이해할 필요가 있다고 보았다. 이에 대해서는 많은 연구들이 이뤄진 상태이기는 하지만 앞으로도 더 많은 연구가 필요하다고 보았다.

시스템 1의 답변은 때에 따라서 시스템 2의 영향으로 수정되거나 시스템 2가 내놓는 답변으로 대치된다고 보았다. 그리고 어떤 조건에서 이러한 수정이 이루어지는지는 계속 연구되어야 할 주제라고 했다.

한층 더 처리 지향적인 카너먼의 휴리스틱 개념은 사이먼의 휴리스틱 개념에 더 가까이 가는 것이라고 볼 수 있다. 이는 '판단 휴리스틱과 편향' 연구에 대한 여러 비판의 결과라고 볼 수 있다. 휴리스틱에서 두 연구자가 차이를 보이기는 하지만, 사이먼의 '제한된 합리성'에 대해서는 달리 이견이 없는 듯하다. 이 개념은 심리학적인 의사결정에 대해 연구하는 이들에게는 아주 기본적인 명제가 되었다.

컴퓨터도 생각을 하는가?

이제 사이먼의 문제해결 연구에 대한 반응을 간단히 알아보고자 한다. 일단 사이먼과 뉴얼의 관점은 초기 인지과학자들의 관점을 대변하는 것이라고 볼 수 있다. 즉 사람의 마음도 컴퓨터와 마찬가지로 상징을 조작하는 정보처리 시스템이라는 것이다. 앞에서도 말했듯이, 사이먼은 마음과 컴퓨터가 기능상 동일하다고 보았기에 컴퓨터 시뮬레이션이 마음에 대한 중요한 연구 방법이 되었다. 그러나 일부 심리학자와 철학자들은 이런 입장에 대해 비판적인 반응을 보였다.

초기 인지심리학자 중 한 명인 나이서^{Ulric Neisser, 1928~}의 반응이 대표적이라고 볼 수 있다. 그는 인간 사고의 주요한 세 가지 특징이 컴퓨터 프로그램에는 결여되어 있다고 지적하면서 특정 과제를 수행하게 하는 컴퓨터 프로그램을 만든 것을 두고 인간의 마음을 이해했다고 주장하는 것은 한계가 있다고 보았다. 그가 지적한 세 가지 특징은 다음과 같다. 첫째, 인간의 사고는 항상 성장과 발달의 축적 과정에서 일어나고 이에 기여한다. 둘째, 인간의 사고는 정서나 주관적인 느낌과 밀접한 관련을 가지고 일어난다. 셋째, 사고를 포함한 인간의 거의 모든 활동은 하나의 목적이 아닌 여러 목적과 동시에 관련되어 있다.

사이먼은 둘째와 셋째에 대한 의견에 직접적으로 답했는데, 먼저 자신의 '정서'에 대한 관점을 피력했다. 사이먼이 정서에 대해 재정의한 것은 그의 일생에서 정서나 동기와 같은 주제를 언급한 드문 경우에 해당한다. 그는 정서나 동기의 기능에 초점을 맞추어 이 두 가지가 '주의^{注意}'의 할당에 중요한 역할을 한다고 보았다. 매 순간 우리는 주위 환경이 요구하는 것에 주의를 기울여야 하는데, 이것은 용량이 제한되어 있다. 따라서 더욱 시급하고 중요한 것에 먼저 주의를 기울일 필요가 있다. 그런데 어떤 것에 먼저 주의를 기울일 것인가와 주의를 특정 방향으로 이끄는 것이 바로 '정서'와 '동기'라고 보았다. 따라서 흔히 생각하는 것처럼 인지와 정서를 반대 개념, 즉 정서가 유발되면 인지적인 사고가 어렵고, 인지적으로 사고를 하면 정서의 표현이 어렵다고 생각할 필요는 없다고 했다. 그러나 정서가 강하면 주의의 초점이 아주 특정한 목적에만 좁혀지기 때문에, 평상시에는 중요하게 고려했던 일들을 간과할 수 있다고 보았다.

인간이 여러 개의 목적에 동시에 반응할 수 있다는 세 번째 특징에 대해서는 먼저 컴퓨터 프로그램이 인간보다는 더 단순할 수밖에 없다는 것을 인정한다. 그러나 컴퓨터에도 여러 목적을 동시에 달성하게 할 수 있는 메커니즘이 있다. 그것은 목적을 하나의 차원이 아닌 여러 차원으로 확장하고 이를 '대기열^{queue}'에 놓음으로써 다차원의 목적이 충족될 때까지 프로그램이 돌아가도록 하는 것이다. 그리고 주요한 몇 개 변인의 상태를 모니터링하는 프로그램으로 환경에 갑작스러운 변화가 있을 경우, 실행 중인 프로그램을 중단하고 새로운 프로그램을 돌리게 할 수 있다(그는 이것을 끼어들기 방식$^{\text{interrupt system}}$이라고 표현했다). 사이먼은 이것이 동기나 정서가 더 시급한 과제에 주의를 할당하는 것과 유사하다고 보았다.

사이먼에 대한 더욱 근본적인 비판은 그의 시뮬레이션과 충분성 척도에 대한 것이다. '충분성 척도'란 프로그램이 성공적으로 돌아가기 위해서는 모든 단계가 분명히 명시되어야 하는데, 문제해결의 결과가 성공적이면 프로그램에 사용된 단계들도 문제 해결에 충분하다고 보는 것이다. 그러나 그를 비판하는 사람들은 시뮬레이션이 성공적이었다 해도 그것이 곧 인간도 그런 단계를 거쳐 문제를 해결한다는 사실을 보장해주지는 않는다고 지적한다. 이런 비판을 한 대표적인 인물은 철학자인 존 설$^{\text{John Searle, 1932~}}$●인데, 그는 '중국어 방'이라는 비유를 사용했다.

> 방 안에 한 사람이 있다고 가정해보자. 그는 영중사전과 함께 영어 문장을 중국어로 바꿔주는 규칙이 적힌 용례집을 가지고 있다. 이 사전과 용례집을 사용해서 그는 방으로 들어온 영어

◆◆◆ 존 설

미국의 철학자로, '마음의 철학' 분야의 전문가이다. 현재 UC 버클리 교수로 재직중이다. 설은 계산주의에 대한 비판, 의도성 논리, 그리고 인간 의식에 대한 여러 문제제기 등으로 널리 알려져 있다. 대표적 저서로 《표현과 의미Expression and Meaning: Studies in the Theory of Speech Acts》(1979), 《마음, 두뇌, 그리고 프로그램Minds, Brains, and Programs》(1980) 등이 있다.

문장을 완벽하게 중국어 문장으로 번역해 방 밖으로 내보낼 수 있다. 방 밖에 있는 사람은 그가 영어와 중국어를 이해하고 잘 알기 때문에 번역을 할 수 있다고 생각할 것이다. 그러나 방 안으로 들어가서 어떻게 영어 문장이 중국어로 번역되어 나오는지를 보게 되면, 그가 영어와 중국어를 안다고 생각하지 않을 것이다. 그는 단지 사전과 용례집을 찾을 줄 아는 것일 뿐이다.

설은 이 비유를 통해서 사전과 용례집이 번역 시뮬레이션에 충분하다고 해서, 이것이 누군가 실제로 번역하는 방식을 보여주는 건 아니라고 지적했다.

사이먼은 이에 대해 시뮬레이션은 과학자들이 지금까지 자연 현상을 이해하기 위해 만들어온 세상에 관한 모델과 전혀 다를 바가 없다고 답변한다. 예를 들어, 물리학자들은 물리 세계에 있는 입자의 위치와 운동량을 미분 방정식으로 기술하지만, 이러한 상징체계가 그것이 모델링하는 물리적 시스템과 '같다'고 생각하지는 않는다. 모델을 만드는 목적은 그것이 표상하는 것과 똑같은 복제품을 만드는 것이 아니라, 물리적 시스템 안에 있는 요소들의 관계가 모델의 요소들 사이에서도 나타나도록 하는 것이다. 모델은 세상을 나타내는 한 방법, 즉 표상 방법이고 이론은 요소들 간의 관계에 대한 설명인 것이다. 또한 그는 충분성이 필연성을 증명하지 않는다는 점을 인정하면서, 그럴 필요도 없다고 주장한다. 특정 메커니즘이 특정한 행동을 하도록 하는 데 충분하다는 것은 굳이 더 복잡한 메커니즘이 필요치 않다는 것을 보여줄 뿐 아니라 그것 자체로도 의미가 있다. 모든 메커니즘이 우리가 관찰하는 행동을 시뮬레이션하는 데 충분한 것은 아니기 때문이다. 예를 들어, 언어 행동에 대한 행동주의의 설명은 인간의 언어 능력을 설명하는 데 충분치 않다. 따라서 다른 방식이 더 적합하다는 것이 증명되기까지는 인간의 행동을 성공적으로 시뮬레이션한 프로그램이 잠정적인 처리 기제로 가정될 수 있다고 보았다. 그리고 이것이 바로 서양 과학이 발전해온 방식이라고 말한다.

사이먼에게 '심신 문제 mind-body problem'는 컴퓨터 덕택에 해결된 셈이다. 그에게 있어 인간의 마음과 몸의 관계는 프로그램과 컴퓨터의 관계와 같은 것이기 때문이다. 따라서 그에게 컴퓨터는 충분히 인간처럼 '사고하는 기계'였다. 이에 대해 반대의 입장을 가진 철학자들에 대해 그는 인간이 사고하는 유일한 개체라는 믿음을 가진 종교적 문제이기 때문에 더 이상 논쟁할 필요가 없다고 말한다. 그는 인간이 제한된 범위 내에서 합리적이라고 말했지만, 인간의 이성에 대해서는 무한한 믿음을 가진 사람이었던 것이다.

사이먼은 의사결정과 문제해결에서, 카너먼은 선택과 판단에 있어 중요한 획을 그은 인물이다. 그들은 이 분야 자체를 인지심리학의 한 연구 주제로 자리잡도록 하고, 중요한 연구 방법과 이론을 제시했으며, 그 결과물은 인지심리학뿐 아니라 다른 심리학 분야와 인접 사회과학까지 폭넓게 영향을 미쳤다. 또한 이들의 업적에서 동료 연구자인 뉴얼과 트버스키의 공헌을 간과해서는 안 될 것이다. 사실 이 책의 제목이 사이먼과 카너먼으로 되어 있지만, 네 학자의 이름이 모두 언급되는 것이 더 합당한 표현일지도 모른다.

자, 이제 인간적인 선택과 판단에 대한 이해가 좀 깊어졌는가?

Herbert Simon

Chapter 3

🎙 대화
TALKING

Daniel Kahneman

← 🎙 대화

라스베이거스로 간 그 남자, 돈을 땄을까?

사이먼, 카너먼, 스미스의 논문 편집회의

1990년 9월 《경영과학Management Science》에 제출된 리처드 세일러와 에릭 존슨Eric Johnson의 논문 〈도박장 돈으로 도박하기와 본전치기Gambling with the House Money and Trying to Break Even〉에 대한 편집회의가 미국의 한 대학도시에서 열렸다. 이 회의에는 사이먼과 카너먼, 그리고 경제학자인 스미스가 참여했다.

|사이먼| 자, 논문은 모두들 읽어보셨죠?

|스미스| 제가 원래 《경영과학》의 편집위원이 아닌데 선택행동에 대한 논문이라며 갑작스럽게 부탁을 받게 되어 자세히 읽어보지는 못했어요. 이 논문에서 다루는 상황이 무엇인지 간단히 설명

해주시면 좋겠네요.

|사이먼| 그러죠. 간단히 말해 도박행동에 관한 것인데, 넓게 보면 선택 이전의 손실이나 이득이 현재의 선택행동에 어떤 영향을 미치는지에 대한 거예요. 논문 초반에 나오는 예를 들어볼까요? 한 사람이 도박의 도시인 라스베이거스에 갔습니다. 업무차 들른 것인데 일이 다 끝나고 저녁 때 동료와 함께 도박장 구경을 가게 되었지요. 어슬렁거린 지 얼마 안 돼 자리가 비어 있는 슬롯머신을 발견하고 25센트짜리 동전을 하나 넣고 바를 당겼어요. 그런데 동전이 와르르 쏟아지는 거예요. 세어보니 100달러나 되었지요. 그렇다면 이것이 그 후 이 사람의 도박행동에 어떤 영향을 미칠까요? 그 돈을 챙겨 바로 자리를 뜰까요? 아니면 보다 과감하게 다른 게임에 배팅할까요? 만약 도박장에 들어가기 전에 100달러짜리 지폐 한 장을 잃어버렸다는 걸 알게 되면 그것은 또 어떤 영향을 미칠까요? 이게 바로 논문에서 다루는 상황이에요.

|스미스| 경제학에서는 이전의 이득이나 손실이 현재의 선택에 영향을 미쳐서는 안 된다고 보지요. 그러니까 위 상황에서 돈을 땄든 잃어버렸든 그것이 앞으로 도박을 할 것인지 아닌지에 영향을 미쳐서는 안 된다는 거죠. 중요한 것은 도박을 하기 위해 들이는 시간과 노력, 돈 등의 비용에 비춰 얼마나 딸 수 있을지, 또 얼마나 즐거움을 얻을 수 있는지 등 혜택을 생각하고 이를 비교하는 것입니다.

|카너먼| 그러나 초반에 100달러를 딴 경우와 잃어버린 경우에 사람들은 서로 다른 행동을 보일걸요? 100달러를 땄으면 그것으로 평소 하지 않던 도박에 돈을 걸 수도 있어요. 반면 돈을 잃어버렸으면 그냥 돌아오는 사람이 많을 거예요. 아니면 잃어버린 돈과 도박을 하기 위해 자기가 정해놓은 돈은 상관이 없다고 생각해서 자기가 정한 예산 안에서 도박을 하다 올 수도 있겠지요.

|사이먼| 하지만 자기 돈으로 도박을 하는 경우, 도박장에서 딴 돈으로 도박을 하는 것과 같지는 않을 겁니다. 똑같이 자기 수중에 있는 100달러라고 해도 원래 자기 돈인가 도박장에서 딴 돈인가에 따라 사람들의 행동이 달라지죠.

|스미스| 경제학에서는 현재 나한테 있는 100달러라면 그게 어떻게 들어온 100달러든 상관없어요. 효용은 언제나 같으니까요.

|사이먼| 그렇지요. 그런데 한 실험을 예로 들어보죠. 어떤 사람이 연극을 보려고 20달러를 주고 표를 예매했습니다. 그런데 극장 앞에 도착해서 표를 잃어버린 것을 알게 되지요. 사람들한테 본인이 이런 상황에 있다면 어떻게 하겠느냐고 물었습니다. 표를 다시 살 것인지, 아니면 그냥 돌아올 것인지. 그리고 또 다른 상황을 제시하는데, 표를 사려고 줄을 서 있다가 20달러를 잃어버린 것을 알게 되는 거예요. 그때 역시 표를 살 것인지 아니면 그냥 돌아올 것인지 물었어요. 똑같이 20달러를 잃어버렸는데 첫째보다 둘째 상황에서 표를 사서 연극을 보겠다는 사람이 많았

어요. 첫 번째 경우에는 이미 표를 사기 위해 20달러를 썼는데 또 20달러를 더 써야 하는 것이 선뜻 내키지 않기 때문이죠.

|카너먼| 네, 저도 사이먼 교수의 의견에 공감합니다. 세일러는 이전 논문에서 '심적 회계 mental accounting'라는 개념을 제시하는데, 이 개념이 방금 말씀하신 예에 딱 들어맞는 것 같아요. 회사에서 회계를 하듯, 사람들도 자신의 지출과 수입에 대해 계산을 하는데 '어디에 얼마를 쓰겠다'고 할당을 하고 그 안에서 돈을 쓴다는 거죠. 뭐 가계부에 적을 수도 있고 아니면 마음속으로 계산할 수도 있겠지요. 이때도 사람들이 연극을 보기 위해 20달러를 쓸 수 있지만 40달러까지는 좀 과하다고 생각할 수 있어요. 반면 그냥 20달러를 잃어버린 경우에는 표를 사는 것과는 다른 회계 항목이기 때문에 당연히 표를 사게 되는 거지요. 이런 심적 회계로 사람들은 공돈이 생기면 해당 항목이 없기 때문에 쉽게 돈을 써 버리게 됩니다.

|스미스| 저의 논리로는 조금 납득이 되지 않는군요. 제 생각으로는 결국 표나 현금이나 20달러를 잃어버린 것은 똑같은데, 자기가 20달러를 투자해서 연극을 볼 가치가 있다고 생각하면 보는 거고 아니면 돌아오는 것이 합리적이지 않나요?

|사이먼| 효용 이론에 입각해서 보면 그렇죠. 그런데 사람들은 이전 손실이 있는 경우에 그것을 쉽게 무시하지 못합니다. 이전에 쓴 비용을 경제학에서는 '매몰원가'라고 하지요? 이 매몰원가는

사람들이 시작한 행동을 지속하게 하는 힘을 갖고 있어요. 예를 들어, 야구나 농구의 시즌 티켓을 산 사람들은 자신이 투자한 돈이 있기 때문에 경기장에 더 자주 가게 되지요.

|스미스| 하지만 이전 손실이나 이득에 현재의 선택이 영향을 받는 것은 합리적인 행동이 아닙니다. 과거의 일은 과거로 접어두어야지요. 합리적으로 선택을 하기 위해서는 의사결정자가 고려하는 현재의 대안이 앞으로 어느 정도의 한계효용을 가져다주는지만 생각하면 되는 거죠.

|카너먼| 하지만 심리학자들이 한 연구를 보면 실제 인간의 행동은 그렇게 나타나지 않아요. 사람들은 과거 행동의 영향을 받습니다. 경영자가 투자를 하고 손해를 본 경우 쉽게 앞으로의 손익만을 따져 별 이득이 없겠다 싶으면 투자를 접는 행동은 하기 어렵습니다. 그래서 우린 이런 행동을 '매몰원가 편향'이라고 부르지요. 지금까지 손해를 본 투자를 저버리지 못하고 추가 이득 없이 계속 투자를 하는 비합리적인 행동을 하는 거죠.

|사이먼| 그런데 이를 굳이 '편향'이라고 할 필요가 있을까요? 경제학에서는 현실적인 실제 인간의 모습에 근거해 이론을 전개하지는 않아요. 큰 시장의 움직임을 예측하기 위해 합리적인 개인을 가정하는 것일 뿐이죠. 이상적인 가정을 한 것인데 그 이론과 다르게 행동한다고 그런 행동을 '편향'이라고 부르는 것은 적절치 않은 것 같아요. 왜 그렇게 행동하는지 이유를 이해하는 것이

더 중요하지 않을까요?

|카너먼| 이전 연구들에서 제시된 것은 낭비를 하지 않기 위해서나 일관성 있게 보이기 위해서, 또는 자신이 이전에 한 선택을 정당화하려고 이미 투자한 대안에 계속 매달리게 된다는 겁니다. 또 어떤 연구자들은 미래의 이득과 손실이 명확히 제시되지 않은 경우, 추가 이득이 있을 거라는 낙관으로 계속 투자를 하게 된다고 보기도 하지요.

|사이먼| 그래요. 사람은 경제적인 이유로만 살아가는 것은 아니기 때문입니다.

|스미스| 하지만 저희 경제학자는 전공이 전공인지라 경제적인 행동에 초점을 맞추는 것이지요. 인간의 동기나 정서, 또 인간은 사회적인 동물이다, 뭐 이런 것들을 생각하기 시작하면 문제가 너무 복잡해져서요. 간결한 수식으로 인간의 행동을 설명하고 예측하고자 하는 것이 경제학이 지향하는 바입니다. 물론 카너먼 선생님 연구의 영향으로 행동경제학이란 분야가 새로 생겨난 것은 사실입니다. 그 분야에서는 실험이나 설문 같은 연구 방법을 사용해서 사람들의 실제 행동에 근거해 이론을 전개합니다. 그러나 상당수의 경제학자들은 실험 방법에 회의적인 입장을 갖습니다. 대부분의 심리학 실험들이 가상적인 상황에서 대학생들을 대상으로 연구를 하는 것이 현실입니다. 그런 실험실에서 얻은 결과가 실제 시장에서 일어나는 의사결정과 같을

수 있을까요?

|사이먼| 그 지적은 맞습니다. 심지어 어떤 심리학자는 '현대 심리학은 대학생 심리학이다'라고 표현하기도 하지요. 이 점에 대해서는 심리학자들의 노력이 필요할 것 같습니다. 이 논문에서도 가상 시나리오를 제시한 뒤 사람들에게 답변을 하게 하고 그것에만 근거해서 사람들의 행동을 설명하고 있는데 뭔가 부족해 보입니다. 세일러는 이 논문에서 사람들이 선택 상황을 어떻게 편집하는지에 대해 얘기했는데, 이것을 프로그램으로 짜서 컴퓨터로 시뮬레이션하고 시뮬레이션의 결과와 사람들의 실제 선택이 유사하다는 것을 보여주었더라면 하는 아쉬움이 남습니다.

|카너먼| 연구 방법은 여러 가지가 가능하다고 봅니다. 일단 세일러는 이전 논문에서 다루지 않은 현상을 다룬 만큼, 우선은 실제 행동을 설명할 수 있는 이론화가 더 중요하다고 생각합니다. 트버스키와 제가 제안한 선택 이론인 '유망 이론'에서는 이전 손실이나 이득이 현재의 선택에 어떤 영향을 미치는지에 대해서 명확한 예측을 하지는 않았습니다. 그러나 그것이 준거점에 영향을 미쳐 이전 손실이나 이득이 없는 경우와는 다르게 사람들의 행동이 나타날 수 있으리라고 쉽게 짐작할 수 있지요. 그런 면에서 이 논문은 재미있는 주제를 다루었다고 생각합니다.

|스미스| 이 논문에서 주장하는 구체적인 내용은 무엇이지요?

|카너먼| 논문의 저자는 도박에 관한 일련의 실험을 통해서 사람들이 이전 손실이 있는 경우에는 위험을 회피하는 태도를 갖게 되는 반면, 이전 이득이 있는 경우에는 위험을 추구하는 태도를 보인다고 말합니다. 그러니까 대화의 시작 부분에 제시한 예에서 사람들이 초반에 돈을 따면, 그 돈을 가지고 좀더 위험을 추구하는 태도를 보이지요. 다시 말해, 불확실하지만 판돈이 큰 도박에 돈을 겁니다. 그리고 딴 돈을 다 잃을 때까지는 크게 영향을 받지 않습니다. 자기가 돈을 잃는다고 생각하기보다는 딴 돈이 줄어든다고 생각하는 거죠. 그게 바로 논문의 저자들이 말하는 '도박장 돈으로 도박하기' 현상입니다.

|사이먼| 세일러는 논문에서 왜 이런 현상이 나타나는지 '편집'과정으로 설명하고 있어요. 사람들은 이득으로 인한 기쁨은 극대화하고, 손실로 인한 실망감은 최소화하는 방향으로 자신의 이득과 손실을 '편집'한다는 거죠. 그래서 제시한 원칙이 여러 개의 이득은 분리시키고, 여러 개의 손실은 통합하게 되는 거죠. 예를 들어, 어떤 사람이 복권에 당첨되어 5달러와 10달러를 받았다면, 이 두 사건은 따로 분리해서 생각하는 것이 통합해서 15달러라고 생각하는 것보다 즐거움이 더 크지요. 반면, 돈을 잃은 경우에는 5달러와 10달러를 잃어버렸다고 분리시켜서 생각하는 것보다 모두 15달러를 잃어버렸다고 생각하는 게 속상한 마음을 줄어들게 한다는 거예요.

|카너먼| 맞아요. 그리고 이러한 분리와 통합으로 인해 기쁨이 커

지고 실망감이 줄어드는 것은 바로 저와 트버스키가 제안한 유망 이론의 가치함수에 근거한 것이죠. 이 가치함수에 따라서 보면 사람들이 왜 현금보다 신용카드를 사용할 때 더 많은 소비를 하게 되는지 잘 알 수 있어요. 현금으로 지불할 때는 그때마다 손실로 처리되지만, 신용카드는 매달 사용한 금액이 모두 합해져 한 번에 처리되기 때문에 손실감이 더 적게 느껴지는 것이죠.

|사이먼| 그런데 이러한 편집 과정이 세일러가 처음 제시한 방식대로 일어나지는 않는데, 그것은 사람들이 적극적으로 편집에 임하지는 않기 때문이지요. 아무래도 정보처리 용량에 한계가 있으니까 사람들은 최종자산 상태가 같아도 문제 자체가 다르게 표현되면 그것에 영향을 많이 받지요. 다음 예를 한번 볼까요?

> **A.** (3만 원을 먼저 잃은 상태에서)
>   (1) 추가의 이득이나 손실이 없는 게임
>   (2) 50%의 확률로 1만 원을 따거나 50%의 확률로 1만 원을 잃는 게임
> **B.** (3) 확실히 3만 원을 잃는 게임
>   (4) 50%의 확률로 2만 원을 잃거나 50%의 확률로 4만 원을 잃는 게임

A와 B에서 하나를 고르라고 하면 사람들의 선택이 달라지는 것을 볼 수 있어요. B에서 선택을 하는 경우 (4)를 더 선호하는 데 반해, 이전 손실이 있고 A에서 선택을 하는 경우에는 (2)를 선택하는 비율이 줄어들어요. 즉 이전 손실이 있으면 불확실한 대안

이 덜 매력적으로 느껴지는 것이지요.

|스미스| 하지만 결국 (1)과 (3), (2)와 (4)는 최종자산 상태가 같은데, 효용 이론에 따르면 어떻게 표현을 했느냐와 상관없이 최종자산 상태가 같을 때는 선택이 일관돼야 해요. 즉 B에서 (4)가 선택되었으면 A에서도 (2)가 선택되어야 하는 거죠. 표현을 다르게 해서 사람들의 선택이 달라지는 건 이게 실제 돈이 걸린 상황이 아니라 가상의 상황이라서 그런 게 아닐까요? 실제 자기 돈이 걸린 상황이고 그 액수가 크면 사람들은 일관성 있게 행동할 거예요.

|카너먼| 문제를 표현하는 방식에 따라 사람들의 선택이 바뀐다는 것은 이미 많은 연구에서 입증됐습니다. 그리고 실제로 자기 돈이 걸린 주식투자 상황에서 이런 행동들이 나타난다는 것도요.

|스미스| 그렇군요. 하지만 그래도 상관없어요. 우리에겐 효용이론이 그 자체로 의미가 있으니까요. 이윤을 추구하고 더 큰 이윤을 좇아 선택한다는 가정을 하지 않으면 경제학은 존립할 수 없습니다. 그리고 효용 이론도 1980년대 이후 여러 버전으로 수정되면서 폰 노이만과 모르겐슈테른이 제시한 초기 이론보다 실제 행동에 대한 설명력이 커졌습니다. 그런데 심리학에서 설명하는 현상들은 어쩌면 경제학 이론이 예측하지 못하는 예외적인 상황인 것 같습니다. 경제학 이론이 더 정교화된다면 이전에 설명되지 않던 부분도 설명할 수 있게 되겠지요.

|사이먼| 선택에 대해서는 경제학이 선두주자이고 심리학은 후발주자인 셈입니다. 그러다 보니 경제학 이론에서 설명하지 못하는 부분에 초점을 맞추게 되는 면이 없지 않아 있습니다. 두 분야가 인간의 선택행동에 대해 다른 방법으로 접근하면서 서로를 비판하지만 이러한 비판에는 긍정적인 측면이 더 크다고 생각됩니다. 일례로 '행동경제학' 같은 새로운 분야가 탄생할 수 있었던 밑거름이 되었지요.

|카너먼| 예, 그렇습니다. 이제 시간이 얼마 안 남았으니 정리를 하도록 하죠. 유망 이론에서는 초기 손실이 있고 이 손실에 불완전하게 적응한 경우 오히려 위험을 추구하는 경향이 나타난다고 보았습니다. 그런데 이 논문에서는 반대로 이전 손실이 있는 경우, 위험을 회피하는 선택이 일어난다고 보았고, 본전을 찾을 수 있는 가능성이 있는 경우에 한해 위험을 추구하는 선택이 일어난다고 설명하죠. 어떤 조건에서 위험을 추구하는 행동이 나타나는지 한층 세분화해서 밝혔다는 점에서 좋은 연구라고 생각합니다.

|사이먼| 그래요. 저도 동감입니다. 일단 출판은 하는 것으로 하고 어떤 점들을 수정해야 할지 자세한 의견은 문서로 작성해서 제출해주세요. 수고 많으셨습니다.

Herbert Simon

Chapter 4

이슈
ISSUE

Daniel Kahneman

← 이슈 1

합리적인 선택을 할 때 환경은 어떤 역할을 하는가?

카너먼과 트버스키의 '휴리스틱과 편향' 연구를 비판했던 게르트 기거렌처는 미국과 독일의 대학생들에게 미국의 도시인 샌디에이고와 샌안토니오 중 어느 도시의 인구가 더 많을지 물었다. 여러분은 어떻게 생각하는가? 또 두 집단 중 어느 집단이 더 정확하게 대답했을 것 같은가? 아무래도 미국의 도시니까 미국 대학생들이 더 잘 알 것이라고 생각하기 쉽다. 그런데 결과를 보면 독일 대학생은 응답자 모두 정답인 샌디에이고를 맞힌 반면, 미국 대학생들은 응답자의 62%만이 정답을 맞혔다. 왜 이런 결과가 나왔을까? 기거렌처는 독일 대학생들의 경우 **재인 휴리스틱** recognition heuristic을 사용했고 그 결과 미국 도시에 대해 더 적은 지식을 가지고 있음에도 불구하고 더 정확하게 답을 맞힐 수 있었다고 설명한다.

그렇다면 재인 휴리스틱은 무엇일까? 이는 기거렌처가 제시한 적응적 휴리스틱의 하나로 한 대상을 이전에 본 적이 있는지 없는지에 근거해 판단하는 것을 말한다. 위 문제에서 독일 학생들은 아마도 샌디에이고는 들어봤지만 샌안토니오는 들어본 적이 없을 가능성이 크다. 그리고 그 이상은 두 도시에 대한 지식이 없을 수 있다. 그래서 이전에 들어본 도시를 선택했다면 이것이 바로 재인 휴리스틱에 의한 의사결정이다. 반면 미국 학생들은 두 도시를 다 들어봤을 뿐 아니라 샌디에이고는 바닷가에 면해 있고 해군 기지가 있으며, 시월드^{Seaworld}가 있는 도시이고 샌안토니오는 텍사스 주에 있는 다소 더운 도시라는 것쯤은 알고 있을 것이다. 두 도시를 다 들어보았다면 재인 휴리스틱은 사용할 수 없다. 그렇다면 미국 학생들은 재인 외에 다른 단서들을 사용해서 두 도시 중 하나를 선택해야 했을 것이다. 물론 어느 도시의 인구가 더 많은지 정확히 알고 있다면 바로 그 도시를 선택하면 된다.

위 문제에서 두 도시에 대해 더 적게 알고 있는 독일 학생들이 재인 휴리스틱을 써서 보다 더 정확한 선택을 할 수 있었던 것은 재인 단서가 생태학적인 타당성$^{ecological\ validity}$이 크기 때문이다. 즉 실제 세상에 대응하는 정도가 높다는 것이다. 이를 보여주기 위해 기거렌처는 실제 미국 신문과 독일 신문에서 이 도시를 포함해 여러 도시의 인구 수와 도시가 신문에 언급된 횟수 사이의 관계를 살펴보았는데, 연관성이 상당히 높았다. 즉 인구가 많은 도시일수록 신문에 자주 언급되었고 그 결과 사람들이 이름을 들으면 아는, 즉 재인을 하는 도시가 된 것이다. 이처럼 기거렌처는 사람들이 판단을 하기 위해 적은 수의 단서를 사용하더라도 그 단서가 환경의 특성을 잘 드러내주는 단서일 경우, 많은 단서를 사용하는 것보다 오히려 정확한 결과를 가져올 수 있다는 것을 보여주었다. 그는 이것을 '모르는 게 약' 효과 Less is more effect라고 불렀다.

카너먼과 트버스키는 사람들이 판단을 하는 인지 과정에 관심이 있었지만 휴리스틱의 사용으로 판단이 편향된다는 것을 보여주는 연구 방법으로 인해 규범적 이론과 얼마나 일치하는가의 여부가 합리성의 잣대가 된다는 결과를 가져오게 되었다. 이에 대해 이들을 비판한 기거렌처는 '생태학적 합리성'을 제시한다. 이는 유기체가 자신이 살아가는 환경의 특성을 얼마나 잘 파악하고 이에 적응해 살아가는가 하는 정도로 합리성을 정의하는 것이다. 이 개념을 기거렌처가 처음 제시한 것은 아니다. 앞서 사이먼도 유기체가 살아가는 환경의 구조를 강조했고, 사이먼에 앞서 에곤 브룬슈비크 Egon Brunswik, 1903~1955 또한 환경을 중요시했다. 실제로 기거렌처는 자신의 이론을 전개하는 데 사이먼뿐 아니라 브룬슈비크의 영향을 많이 받았다.

◆◆◆ **브룬슈비크**

헝가리 출신의 심리학자. 인간의 사고와 지각체계 및 행동을 연구한 학자로, 그의 학문은 기능주의, 행동주의, 형태주의 심리학 그 어느 한 곳으로 분류하기 어려우면서도 그 모두를 연결하고 있으며, 확률의 개념까지 첨가해 통합적인 접근을 시도했다고 평가받고 있다. 브룬슈비크에 의하면, 유기체의 행동은 본질적으로 '확률적'이라고 말할 수 있다. 유기체가 지각을 처리할 때는 단 하나의 단서에 의존하는 것이 아니라 많은 단서를 조합하고 확률적으로 계산해 그 대상에 대한 반응을 산출해낸다는 것이다. 그의 관점을 따르면, 마음은 확률적 계산을 하는 직관적 통계학자 intuitive statistician로 정의할 수 있다.

브룬슈비크는 1903년 헝가리에서 태어난 심리학자로 후에 에드워드 톨먼의 초청으로 미국 버클리 대학의 교수로 재직한 인물이다. 그는 1955년에 사망했는데, 그의 제자 중 케네스 해먼드(앞서 언급된, 인지처리 방식을 '직관'과 '분석'으로 구분한 심리학자)는 판단과 의사결정의 심리학에서 카너먼과 트버스키와는 다른 연구 프로그램을 이끈 사람이다. 이들의 연구 프로그램은 '휴리스틱과 편향' 프로그램처럼 큰 관심을 불러일으키지는 못했지만 1950년대 이후 지속적으로 브룬슈비크의 이론을 토대로 한 분파를 이루어온 연구 프로그램이다.

　브룬슈비크는 시 지각$^{visual\ perception}$ 과정에 대해 연구했는데, 그는 지각 과정을 여러 단서에 근거한 추론 과정이라고 보았다. 예를 들어 깊이 지각을 보자. 우리를 둘러싼 세상은 3차원으로 되어 있고 우리는 눈을 통해 세상을 보게 된다. 그런데 우리 눈의 망막에는 2차원의 상이 맺히고 이 정보가 시신경을 통해 시각피질로 전달되면서 여러 가지 시각 정보가 처리된다. 따라서 우리는 2차원 영상에 기초해 3차원을 지각하게 되고 그 과정에서 여러 가지 단서를 사용하는 것이다. 몇 가지 예를 들면, 우리의 두 눈은 약간 떨어져 있어서 양쪽 눈의 망막에 맺히는 상이 조금 다른데, 그 차이의 정도로 깊이를 파악하게 된다. 또한 작게 보이는 것이 더 멀리 있다고 지각하는 것이나 기찻길처럼 원래 평행한 대상이 점점 좁아져 보이는 정도로 가까움과 먼 정도를 지각하게 된다. 그런데 브룬슈비크는 이런 단서들이 보통 중복된 정보를 제공하기 때문에 각 단서가 대상에 대한 정보를 확률적으로 제공한다 하더라도 우리는 꽤 정확하게 대상을 지각할 수 있다고 말한다(그의 이론은 '확률적 기능주의probabilistic functionalism'라고 한다). 그리고 우리의 지각체계는 환경의 특성을 파악하도록 조율되어 있기 때문에 이 지각체계를 이해하기 위해서는 환경의 특성을 파악하는 것이 중요하다고 보았다.

해먼드는 브룬슈비크의 지각 이론을 판단 상황에 적용해 '사회판단 이론social judgment theory'을 제안했다. 즉 판단도 지각 과정과 마찬가지로 여러 단서를 사용하는 추론 과정이라고 본 것이다. 예를 들어, 의사가 환자를 진단하는 것도 판단의 한 유형인데 진단을 하기 위해 환자가 증상에 대해 얘기하는 것, 혈압이나 체온과 같은 여러 신체 지표들, 그리고 여러 검사 결과 등을 단서로 사용해서 환자의 질병을 파악하게 되는 것이다. 이때 지각 과정과 마찬가지로 각 단서들이 환자의 진짜 상태와 확률적인 관계를 갖지만, 여러 단서들을 사용하고 단서들 간의 상호연관이 높기 때문에 비교적 정확하게 진단을 내릴 수 있다고 보았다.

해먼드는 이와 같이 사회적인 상황에서의 여러 판단 현상에 대해 연구했는데, 이들 이론을 카너먼과 트버스키의 '일치성 이론'과 대비시켜 '대응 이론correspondence theory'이라고 부른다. 그 이유는 이들이 판단하는 사람이 환경의 특성을 얼마나 파악하고 이를 자신의 판단에 어느 정도 적용하는지에 초점을 두고 연구를 했기 때문이다. 즉 이들의 연구도 판단의 정확성에 초점을 두기는 했지만 정확성의 기준이 규범적 이론이 아닌 환경에 있었고, 환경과의 대응을 중요하게 여겼다. 여기에서 '생태학적 합리성' 개념이 나오게 되는데, 환경의 특성을 얼마나 파악하고 이를 반영하는가 하는 정도를 합리성의 척도로 삼는 것이다. 이는 인간의 적응적인 측면을 강조한 개념이라고 볼 수 있다.

판단과 의사결정에 관한 연구자들 사이에서 가장 기본적인 이슈는 바로 '합리성'에 대한 것이다. 즉 다른 동물에 비해 탁월한 지적 능력을 가지고 있는 인간이 하는 판단과 선택이 과연 합리적이라고 할 수 있는지 여부다. 이 주제가 이슈화된 것은 다분히 카너먼과 트버스키의 '휴리스틱과 편향' 연구의 결과에 따른 것이라고 볼 수 있다. 이들의 연구는 우리의 판단이 종종 편향되어 있음을 보여줌으로써 인간 사고의 비합리적인 측면을 부각시키게 된다. 이들의 연구 이전에는 주로 비합리성이 인간의 욕망이나 감성적인 측면에서 유래하는 것으로 생각되었다. 즉 인간의 사고는 합리적이지만 때로는 욕망이나 감정의 영향이 커져서 우리로 하여금 이성적으로 사고하지 못하게 하고 그 결과 비합리적인 행동이나 결과를 초래한다고 본 것이다. 이에 반해 카너먼과 트버스키의 연구는 우리의 사고 자체도 확률이나 통계 이론과 같은 합리적인 기준에서 벗어난다는 것을 보여줌으로써 비합리적인 요소가 있음을 보여주었다. 이것은 인지심리학뿐 아니라 다른 심리학 분야, 그리고 인접 사회과학 분야에도 큰 영향을 주었다.

그러나 인간의 합리성에 대한 회의가 커진 것을 두고 카너먼과 트버스키만을 탓할 수는 없다. 초기 연구에서 밝혔듯 이들은 휴리스틱을 사용하는 것이 항상 편향을 가져온다고 주장하지는 않았다. 이들도 사람들이 판단을 하기 위해 사용하는 휴리스틱이 적은 정보로 빨리 판단을 내리게 도와준다고 보았고, 대개 비교적 정확한 결과를 가져온다고 말했다. 이 두 학자가 사람들의 편향에 대해 제시한 것은 우리가 휴리스틱을 사용한다는 것을 보여주기 위한 연구 방법이었다. 실제로 이들은 시각 착시에 대해 연구한 형태주의 심리학자들을 언급하면서, 시각 착시가 사람들이 사물을 지각하는 원리를 보여주는 것과 마찬가지로 편향에 대한 연구도 사람들의 판단 과정에 대한 정보를 제공한다고 보았다. 그런데 휴리스틱을 보여주기 위해 사용한 편향 자체가 사람들의 호기심과 관심을 끌었던 것이다. 착시가 신기하고 재미있는 것처럼 편향도 그런 효과를 발휘했고 후에는 편향 자체가 연구의 주제가 되기도 했다.

17세기 당시 확률 이론◆이 소개될 때 이는 곧 교육을 잘 받은 교양인의 사고방식으로 생각되었다. 이런 생각의 연장으로 일부 연구에서 확률 이론은 규범적 이론으로서 사고의 기준이 되었고 여기에서 벗어난 판단은 '편향'으로 여겨졌다. 그러나 확률 이론이 곧 우리의 사고방식일 필요는 없다. 우리가 불확실성을 처리하는 방식은 다양할 수 있으며 실제로 어떤 방식으로 이런 불확실성이 처리되고 표상되는지에 대한 연구는 앞으로도 지속되어

◆◆◆ **확률이론**

순열·조합을 처음으로 발견한 사람은 12세기 인도의 수학자 바스카라Bha-skara(1114~1185?)이지만 이론적으로 연구되기 시작한 것은 17세기에 들어와서였다. 프랑스의 파스칼과 페르마가 게임에 대해 고찰했고, 네덜란드의 하위헌스Christiaan Huygens(1629~1695)는 게임 이론에 대해 책을 펴냈다. 18세기에는 자코브 베르누이Jakob Bernoulli(1654~1705)의 유고를 정리한 《추론의 예술Ars Conjectandi》(1713)이 출판됐는데 여기에 순열·조합을 이용한 확률 이야기가 실려 있다.

야 할 연구 주제다.

합리성의 주제는 철학에서도 많이 논의된 문제다. 여기에서는 판단과 의사결정에서 논의된 '합리성'에 국한시켜 서로 다른 관점을 소개했다. 인간이 합리적이냐 아니냐는 어떤 기준을 사용하느냐에 따라 달라질 수 있고, 어떤 기준이 더 타당한 기준인가는 독자 여러분의 선택에 남겨두기로 하겠다.

이슈 2
눈물이 합리적인 선택을 가로막는가?

 우리는 일반적으로 이성과 감정을 이분법적으로 구분하는 데 익숙하다. 즉 이성적으로 사고하기 위해서는 감정을 배제해야 한다고 생각하고, 감정이 앞서는 경우 합리적인 판단이 어렵다고 본다. 그렇다면 과연 감정이나 정서는 우리를 비합리적인 선택이나 판단으로 이끄는 것일까?
 이 책을 통해 살펴본 판단이나 선택과 관련된 이론, 그리고 여러 개념들은 주로 인지적인 내용이었다. 물론 카너먼의 경우 1990년대 이후 정서적인 측면에 대해서도 관심을 가지고 연구하기는 했다. 하지만 주로 정서적인 정보가 어떻게 인지적으로 기억되고 요약되는지에 초점을 두고 있다. 이렇듯 판단과 의사결정은 대개 인지 활동으로 여겨지고, 특히 경제적인 인간을 머리에 떠올리면 확률과 효용을 계산하는 냉철한 이미지가 더 강하다.

그러나 미국 아이오와 대학의 신경학자인 안토니우 다마지우
Antonio Damasio, 1944~◆의 연구는 우리의 상식과는 반대로 의사결정에
서 정서적인 정보가 얼마나 중요한지를 잘 보여준다. 그는 20여
년 전 엘리엇(가명)이라는 환자를 만나게 되었다. 엘리엇은 30대
의 가장으로 좋은 남편이자 아버지였고 일도 열심히 하는 회사
원이었다. 그러던 어느 날 그는 심한 두통으로 일을 하기가 어려
워져 병원을 찾았고 검사 결과 뇌에 종양이 있음을 알게 된다.
악성은 아니었지만 크기가 커서 제거를 하지 않으면 안 되었다.
그는 수술을 받았고 종양은 성공적으로 제거되었다. 그리고 그
과정에서 눈 뒤쪽에 있는 대뇌피질 일부분이 제거되었다(이 부분
은 '안와전두피질'이라고 불린다). 그런데 수술이 끝난 후 엘리엇에
게 뭔가 근본적인 변화가 생긴 것처럼 보였다. 그는 회사에서 일
을 제대로 마칠 수가 없었는데, 이유는 아주 간단한 결정조차 내
리지 못하고 대안들을 비교하느라 시간을 보내기 때문이었다.
예를 들면, 서류를 날짜별로 정리해야 할지 아니면 크기별로 해
야 할지, 그것도 아니면 다른 기준에 의해 정리를 해야 할지 몰

◆◆◆ **안토니우 다마지우**

포르투갈 출신으로 미국에서 활동하고 있는 생리학자. 의사로 출발해 생리학적 주
제에 대한 연구를 계속해왔다. 그의 주 관심사는 마음의 생리학으로, 기억이나 언
어, 감정, 의사선택을 담당하는 신경 시스템에 대한 연구로 유명하다. 그의 연구 결
과를 통해 감정이 사회적 인지와 의사판단에 있어 핵심적인 역할을 한다는 것이 입
증되었다. 대표 저서로 《무엇이 일어났는가에 대한 감정The Feeling of What
Happens : Body and Emotion in the Making of Consciousness》(2000)이 있다.

라 갈팡질팡했다. 그는 곧 회사에서 쫓겨났고 다른 직장에서도 오래 버티지 못했다. 그 후 평판이 좋지 않은 사람과 사업을 벌이다 많은 것을 잃게 되었고, 부인과도 이혼하게 되었다.

다마지우는 그를 처음 만났을 때 별로 이상하다는 걸 느끼지 못했다. 그의 신체 움직임이나 지적인 능력에는 아무 문제가 없어 보였다. 기억에도 문제가 없었고 세상사에 대해서도 박식함을 보였기 때문이다. 그의 지능검사 결과 또한 정상이었다. 그렇다면 무엇이 잘못된 것일까?

그와 시간을 보내면서 다마지우는 점차 이상한 점을 발견하게 되는데, 그것은 바로 그가 어떤 일에도 별로 개의치를 않는다는 것이었다. 일반적으로 감정적인 반응을 불러일으키는 사건에 대해서도 아주 무덤덤한 반응과 함께 심리적으로 초연함을 보이는 것이었다. 이후 엘리엇과 비슷한 부위가 손상된 환자들을 만나면서 다마지우는 이 안와전두피질 부분이 정서를 수반하는 의사결정과 밀접한 관련을 가지고 있음을 알게 되었다. 그는 이 부분이 손상된 환자와 정상인의 차이를 보여주기 위한 실험을 고안했는데, 이는 '아이오와 도박 실험 Iowa gambling task'이라고 불린다.

이 실험에서는 카드 두 벌이 제공된다. 실험에 참가한 사람은 두 벌의 카드 중 선택한 한 벌에서 카드 한 장을 뒤집고 거기에 쓰여 있는 대로 돈을 받거나 잃게 된다. 그런데 한 벌의 카드는 다른 한 벌에 비해 좀더 위험이 크다. 즉 돈을 많이 딸 수 있지만 잃을 때도 많이 잃어 결과적으로는 손해를 보게 되는 카드들로 한 벌이 구성되어 있다. 반면 다른 한 벌의 카드는 적게 따지만 잃을 때도 적게 잃어 더 안전한 카드들이었다. 다마지우는 이 과제를 정상인과 안와전두피질 부분이 손상된 환자들에게 수행하게 했고, 이들이 어떤 선택을 하는지 그리고 선택을 하면서 어떤 신체 반응이 나타나는지 측정했다. 처음에는 정상인의 경우에도 두 벌의 카드가 가진 다른 특징을 잘 알지 못해서 별 차이가 없었지만, 점차 카드를 뒤집으면서 정상인은 이들이 다르다는 것을 감지하게 되었다. 그리고 보다 안전한 쪽에서 카드를 더 많이 뽑고 위험한 카드들에서는 뽑기 전에 신체적으로 긴장하는 반응을 보였다. 이에 반해 뇌 손상 환자들은 두 종류의 카드가 다르다는 것을 전혀 모르는 듯이 보였고, 위험한 쪽에서 카드를 뽑기 전 정상인에게서 나타나는 긴장된 신체 반응도 나타나지 않았다.

다마지우는 위와 같은 실험을 통해 사람들이 자기 경험의 긍정적이거나 부정적인 정서를 처리하고 이를 기억해서 미래 경험의 결과를 예측할 수 있는 능력이 의사결정 시 이득을 가져오는 선택을 하는 데 중요한 역할을 한다는 점을 알게 되었다.

정서 정보를 처리하는 데는 앞서 얘기한 안와전두피질뿐 아니라 여러 뇌 부위와 신경 전달 물질이 관여한다. 신경 전달 물질은 뇌에서 만드는 일종의 화학 물질로 뇌의 다양한 부위로 전달되어 여러 가지 다른 작용을 하게 된다. 예를 들면, '세로토닌'이라는 신경 전달 물질은 우리의 기분을 조절하거나 음식 섭취, 수면, 공격행동 등을 조절한다. 세로토닌이 부족한 경우 우울증이 나타나는데, 우울증 치료제는 보통 이 세로토닌의 분비를 촉진하는 약물들이다.

정서를 담당하는 뇌 부위로 대개 언급되는 부분은 대뇌변연계

limbic system•로서 대뇌피질 일부(전전두엽피질)를 포함해 여러 뇌 부위가 관여한다. 그런데 전전두엽피질을 제외한 나머지 대뇌 변연계 부분은 대뇌피질 안쪽에 위치해 있고, 진화상으로도 피질보다 먼저 나타난 뇌의 구조물이다. 이는 정서 정보의 처리가 인지적인 정보 처리보다 진화상 앞서서 나타났으며 인간뿐 아니라 동물의 생존에도 중요한 정보임을 말해준다.

이 대뇌변연계에는 강력한 보상체계, 즉 우리에게 행복감과 자신감 등을 느끼게 해주는 부위가 있고, 또 정서적인 학습이나 기억을 담당하는 부위가 포함되어 있다. 정서적인 학습이란 긍정적인 결과를 가져오는 대상에는 접근행동을 하고 부정적인 결과를 가져오는 대상은 회피하는 행동을 습득하는 것을 일컫는다. 또한 우리의 동기를 조절하는 부위도 포함된다. 뇌는 복잡하게 연결되어 있는 조직인데, 대뇌변연계의 피질 안쪽에 있는 구조물 또한 전전두엽피질과 연결되어 있어 동기, 정서, 보상에 대한 정보를 전달하게 된다. 실제로 대뇌변연계의 피질 안쪽에 있는, 진화상으로 오래된 구조물에 이상이 생기면 이와 연결된 전전두엽피질 부분의 발달에도 이상이 오게 되고 심한 정신지체로

◆◆◆ **대뇌변연계**

대뇌반구의 안쪽과 밑면에 해당하는 부위. 이상엽·해마회·대상회·후안와회·측두극·편도핵·중격핵 등으로 이루어져 있다. 대뇌의 변연계는 종족 유지에 필요한 본능적 욕구를 관장하는 자리이므로 '본능의 자리'라고도 한다. 또한 뇌 시상하부 부위와 밀접하게 연결되어 있어서 여기서 받아들인 감정적 충동들을 통합하는 역할을 한다. 해마회와 편도핵 부위는 기억을 담당하는 핵심적 장소이기도 하다.

이어진다고 한다.

 이러한 뇌의 구조와 기능은 인지와 정서의 구분이 우리가 일상적으로 생각하는 것처럼 뚜렷한 것이 아님을 잘 보여준다. 특히 의사결정에 있어 그 경계는 모호하다. 자신에게 도움이 되는, 이득을 가져다주는 합리적인 선택을 위해서는 인지적인 정보뿐 아니라 정서적인 정보도 중요한 역할을 하기 때문이다. 자신에게 보상을 가져다준 것이 무엇인지를 기억하고 이와 비슷한 것이 미래에 나타날 경우 이를 얻기 위해 동기화되어 움직이는 것, 그리고 과거의 경험에서 나타나는 패턴을 파악하고 이에 근거해 미래를 예측하고 행동하는 것이 우리가 목적 지향적인 행동과 합리적인 의사결정을 할 수 있게 하는 것이다.

에필로그
Epilogue

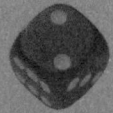 

1 지식인 지도
2 지식인 연보
3 참고 문헌
4 키워드 찾기
5 깊이 읽기
6 찾아보기

EPILOGUE 1
지식인 지도

애드워드 톨먼
텔컷 파슨스
존 듀이
하버트 사이먼
앨런 뉴얼
에곤 브룬슈비크

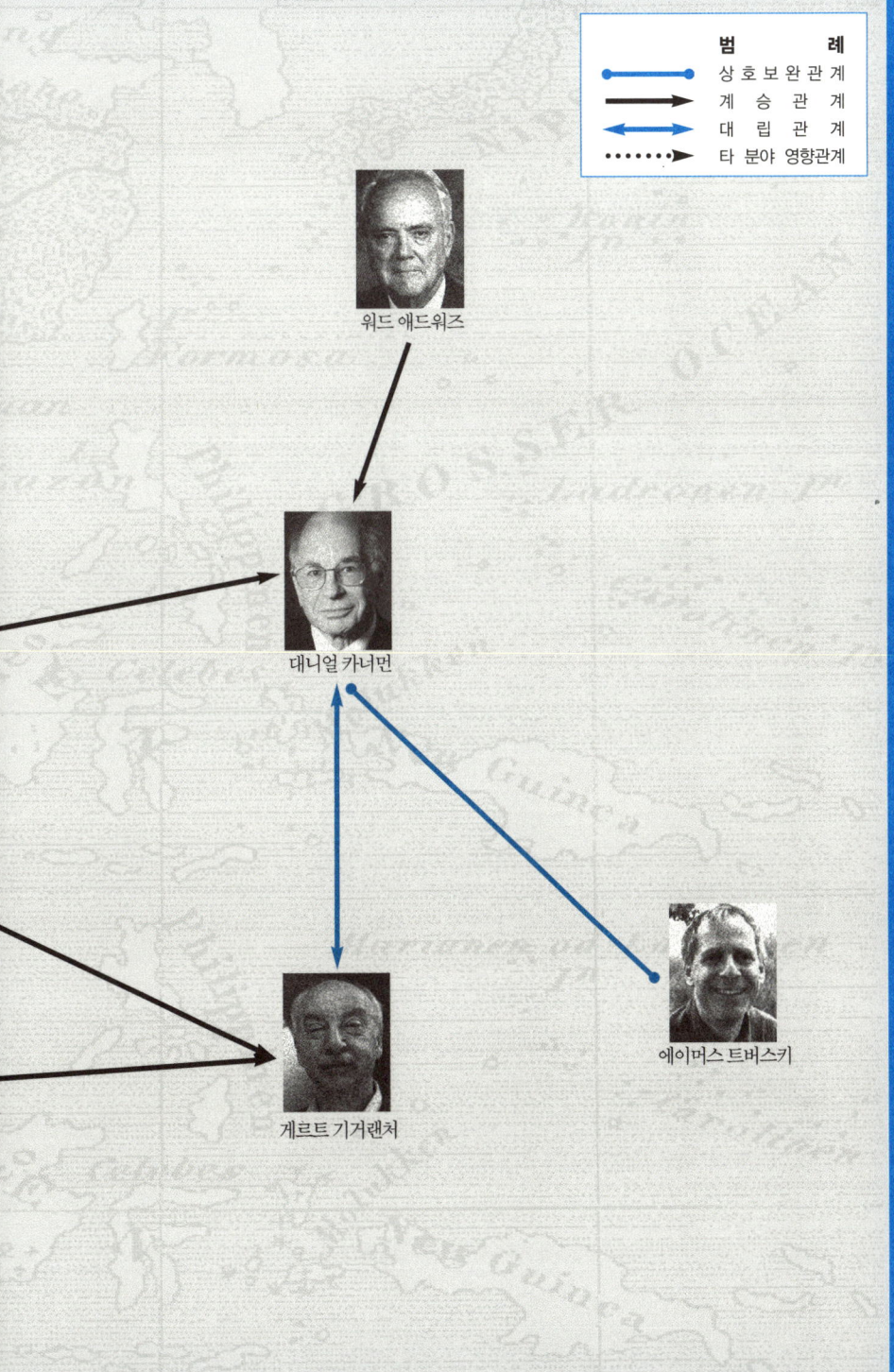

EPILOGUE 2

지식인 연보

• 사이먼·카너먼·뉴얼·트버스키

1916	사이먼 출생
1927	뉴얼 출생
1933	사이먼 미국 시카고 대학 정치학과 입학
1934	카너먼 출생
1936	사이먼 동대학 대학원 진학
1937	트버스키 출생
1942	사이먼 박사학위 받음, 일리노이 공과대학 정치학과 조교수 임명
1947	사이먼 《관리행동론》 출간
1949	사이먼 카네기 공과대학으로 옮김
1952	사이먼 RAND에서 뉴얼과 컴퓨터를 만남
1957	사이먼 《인간 행동의 모델》 출간
1961	카너먼 미국 버클리 대학에서 심리학 박사학위 받음
1965	사이먼 카네기멜론 대학에 컴퓨터공학과 만듦 트버스키 미국 미시간 대학에서 심리학 박사학위 받음
1969	사이먼 《인공과학 The Sciences of Artificial》 출간 카너먼, 트버스키 만남
1972	뉴얼과 사이먼 《인간 문제 해결》 출간
1973	카너먼 헤브루 대학 교수 부임
1978	사이먼 노벨 경제학상 수상, 카너먼 브리티시컬럼비아 대학으로 옮김,

	트버스키 스탠퍼드 대학으로 옮김
1982	카너먼·트버스키, 슬로빅과 《Judgment under Uncertainty : Heursitics and Biases》 출간
1986	카너먼 미국 버클리 대학으로 옮김
1992	뉴얼 사망
1993	카너먼 프린스턴 대학으로 옮김, 심리학과 행정학과 교수
1996	트버스키 사망
2001	사이먼 사망
2002	카너먼 노벨경제학상 수상

● 학계 동향

1879	분트(Wilhelm Wundt, 1832~1920) 독일 라이프치히 대학에 심리학 실험실 만듦, 과학적 심리학의 시작
1890	윌리엄 제임스 《심리학의 원리》 출간, 미국 심리학에 기능주의와 실용주의를 가져옴
1942	최초의 전자식 컴퓨터 ENIAC 만들어짐
1944	폰 노이만과 모르겐슈테른의 《게임 이론과 경제행동》 출간
1945	폰 노이만 컴퓨터의 프로그램 내장방식 제안
1950	프로그램 내장방식 컴퓨터 EDVAC 만들어짐
1956	인지과학의 탄생
1964	행동주의와 정신분석학에 대한 대안으로 인본주의 심리학이 나타남
1967	나이서의 《인지심리학》 출간
1968	《한국심리학회지》 창간
1980	존 설의 논문 〈마음, 뇌, 프로그램 Minds, Brains and Programs〉에 중국어 방 논쟁 소개
1981	미국심리학회(American Psychological Association, APA)의 회원이 5만명이 넘음

EPILOGUE 3

참고문헌

- 부르스 매즐리시, 《네번째 불연속》, 김희봉 옮김, 사이언스북스, 2001.
- 김광수, 《마음의 철학》, 철학과현실사, 2006.
- 김선희, 《사이버시대의 인격과 몸》, 아카넷, 2004.
- 김용국, 김용운, 《집합론과 수학》, 우성문화사, 1989.
- 신상규, 《푸른 요정을 찾아서: 인공지능과 미래 인간의 조건》, 프로네시스, 2008.
- 심웅기, 한상철, 《중학교 컴퓨터》, (주)두산, 2008.
- 이태욱, 심웅기, 한상철, 《중학교 컴퓨터 부록》, (주)두산, 2008.
- 그레그 앤더슨, 데이비드 페로, 로버트 힐턴, 《컴퓨터 배움터》, 엄기현, 이상돈, 나연묵 외 옮김, 생능출판사, 2005.
- 더글러스 호프스태터, 다니엘 데닛, 《이런, 이게 바로 나야! Ⅰ, Ⅱ》, 김동광 옮김, 사이언스북스, 2001.
- 데이비드 리비트, 《너무 많이 알았던 사람: 앨런 튜링과 컴퓨터의 발명》, 고중숙 옮김, 승산, 2009.
- 데이비드 퍼피뉴, 《의식》(하룻밤의 지식여행 37), 김영사, 2007.
- 딜런 에번스, 《감정》(감정의 과학으로 가는 가장 사랑스런 지름길), 이소출판사, 2002.
- 레베카 골드스타인, 《불완전성: 쿠르트 괴델의 증명과 역설》, 고중숙 옮김, 2007.
- 로드니 A. 브룩스, 《로봇만들기》, 바다출판사, 2005.
- 리처드 파인만, 《파인만의 엉뚱 발랄한 컴퓨터 강의: 계산이론》, 서환수 옮김, 한빛미디어, 2006.
- 마틴 데이비스, 《수학자, 컴퓨터를 만들다》, 박정일, 장영태 옮김, 지식의 풍경, 2005.
- 모리스 클라인, 《수학의 확실성》, 박세희 옮김, 민음사, 1984.
- M. K. 뮤니츠, 《현대 분석 철학》, 박영태 옮김, 서광사, 1996.

- 어니스트 네이글, 제임스 뉴먼, 《괴델의 증명》, 강주헌 옮김, 2003.
- 요시나가 요시마사, 《괴델, 불완전성 정리》, 임승원 옮김, 1993.
- 조지 불로스, 리차드 제프리, 《계산가능성과 논리-수리논리학 입문》, 김영정, 최훈, 강진호 옮김, 문예출판사, 1996.
- 존 설, 《마인드》, 정승현 옮김, 까치, 2007.
- 존 에이거, 《수학 천재 튜링과 컴퓨터 혁명》, 이정 옮김, 2003.
- 존 카스티, 《인공지능 이야기》, 이민아 옮김, 사이언스북스, 1999.
- 존 캐스티, 베르너 드파울리, 《괴델》, 박정일 옮김, 몸과마음, 2002.
- 콘스탄스 리드, 《힐버트: 수학과 삶》, 이일해 옮김, 민음사, 1989.
- 피터 멘젤, 페이스 달루이시오, 《새로운 종의 진화 로보 사피엔스》, 신상규 옮김, 김영사, 2002.

- A. G. Hamilton, *Logic for Mathematician*, Cambridge University Press, 1978.
- Geoffrey Hunter, *Metalogic*, University of California Press, 1971.
- Marvin L. Minsky, *Computation: Finite and Infinite Machines*, Prentice-Hall, 1967.
- Martin Davis(ed.), *The Undecidable*, New York: Raven Press, 1965.
- Rudy Rucker, *Infinity and the Mind*, Boston: Birkhäuser, 1982.
- Willam Kneale, Martha Kneale, *The Development of Logic*, Clarendon Press, 1962.Press, 1962.

EPILOGUE 4

키워드찾기

- **가용성**^{availability} '판단 휴리스틱'의 하나로 어떤 사건의 빈도를 추정할 때 그 사건의 예가 쉽게 떠오르는 정도에 근거해 빈도를 판단하는 것. 즉 예를 사용할 수 있는 것일수록 빈도가 높다고 판단한다.

- **가치함수**^{value function} 유망 이론의 한 구성 요인으로 객관적인 가치가 주관적으로 어떻게 느껴지는지에 대한 함수. 현재 상태가 준거점이 되어 이득과 손실의 영역으로 나뉘며, 객관적인 가치의 절대값이 커질수록 주관적인 가치의 변화 폭이 작아진다. 또한 손실 영역의 기울기가 더 가파르게 변화한다.

- **결정가중치**^{decision weights} 유망 이론의 한 구성 요인으로 객관적인 확률을 주관적으로 어떻게 지각하는지를 반영한 함수. 작은 확률은 과대평가되고 중간과 높은 확률은 과소평가되는 특징을 가지고 있다.

- **결정효용**^{decision utility} 카너먼이 구분한 효용 개념 중의 하나로, 선택행동을 통해 드러나는 효용을 말한다. 경제학적인 개념이다.

- **결합오류**^{conjunction fallacy} 두 사건의 결합 사건이 개개의 사건보다 확률이 높다고 잘못 판단하는 것. 대표성 휴리스틱을 사용한 결과로 나타나게 된다.

- **경험효용**^{experienced utility} 카너먼이 구분한 효용 개념 중의 하나로 실제 선택한 대안을 소비하면서 주관적으로 느끼는 효용의 정도.

- **과신**^{overconfidence} 자신의 판단이 실제 이상으로 정확하다고 확신하는 현상.

- **규범적 이론**^{normative theory} 선택과 판단의 기준을 제공하는 이론. 이 이론을 따르는 경우 효용을 극대화하는 선택과 정확한 판단을 할 수 있다고 본다. 효용 이론이나 확률 이론, 통계 이론 등이 그 예가 된다.

- **기술적 이론**^{descriptive theory} 규범적 이론과 대비되는 이론으로 실제 사람들의 행동을 설명한다. 유망 이론이나 여러 판단 휴리스틱을 포함해 심리학의 많은 이론들이 여기에 해당한다.

- **기준점과 조정**^{anchoring and adjustment} 어떤 값을 추정할 때 사용하는 휴리스틱

으로 기준점을 중심으로 조정해 값을 추정하게 된다. 기준점이 추정하는 값과 아무런 관련이 없을 때도 많은 영향을 받는다.

- **단위화** chunking 낱낱의 정보를 의미 있는 단위로 묶는 것(예를 들면 0, 1, 5, 9를 1950년으로). 이를 통해 더 많은 양의 정보를 한 번에 처리할 수 있다.
- **대표성** representativeness 한 대상이 어떤 범주에 속할 확률을 판단할 때 사용하는 휴리스틱. 대상이 범주의 전형적인 속성을 얼마나 나타내는가 하는 정도로 확률을 판단한다. 확률에서의 기저율이나 큰 수의 법칙 등이 무시되면서 편향이 나타나게 된다
- **매몰원가** sunk cost 이미 과거에 투자한 비용. 경제학에서는 이 매몰원가가 현재의 선택에 영향을 미쳐서는 안 된다고 본다. 그러나 사람들은 이것의 영향을 종종 받고 과거에 연연하는 태도를 보이게 된다. 이를 '매몰원가 편향'이라고 한다.
- **문제공간** problem space 문제를 푸는 과정에서 나타날 수 있는 모든 가능한 상태. 문제의 종류에 따라 문제공간이 적거나 방대할 수 있다.
- **사후판단 편향** hindsight biases 어떤 사건의 결과를 알게 되면 그 확률을 결과에 대한 지식이 없었을 때보다 더 높게 평가하는 경향. '그럴 줄 알았다'는 식의 자기예측에 대한 과신 또는 나타난 결과 외에 다른 결과가 나타나기는 어렵다는 식의 결정론적인 태도를 갖게 한다.
- **상관의 착각** illusory correlation 실제로는 상관이 없는 것임에도 불구하고 상관이 있는 것처럼 생각하는 것. 자신이 가지고 있는 생각에 맞는 예만을 선별적으로 처리함으로써 나타날 수 있다.
- **선호역전** preference reversal 선택 상황이 어떻게 표현되느냐, 선호가 어떤 방식으로 유발되느냐, 대안들이 어떤 방식으로 구성되느냐에 따라 같은 대상에 대한 선호가 바뀌는 현상.
- **수단-목표 분석** means-ends analysis 사이먼과 뉴얼이 제시한 문제해결 휴리스틱의 하나. 이들은 문제해결 과정을 초기 상태에서 목표 상태로 나아가는 것으로 보았고, 주어진 수단을 이용해 현재 상태와 목표 상태의 차이를 줄여나가는 방향으로 움직인다고 설명했다. 현재 상태와 목표 상태 사이의 차이가 클 경우 하위 목표를 설정해 단계적으로 나아갈 수 있다.
- **예측효용** predicted utility 카너먼이 제시한 효용 개념의 하나로 선택의 결과가 미래에 경험될 때 유용하다. 자신이 미래에 대안을 소비할 때 어느 정도의 경험효

용을 느끼게 될지에 대한 예측인데, 대개 이 예측에 근거해 선택이 이루어지게 된다.

- **유망 이론**prospect theory 카너먼과 트버스키의 선택에 대한 기술적 이론. 효용 이론과 그 틀은 유사하지만 구성 요인이 다르다. 가능한 개별 결과의 가치와 결정가중치를 곱한 것의 합으로 한 사건의 유망한 정도가 결정된다고 본다.
- **접근 용이성**accessibility 우리 머릿속에 저장되어 있는 정보가 활성화되어 사용될 수 있는 정도.
- **제한 내 최적화**optimization under constraints 모든 대안들을 비교하고 효용을 극대화하는 선택을 하는 것이 현실적으로 불가능하다는 지적에 대해 경제학에서 제시한 개념. 고려할 수 있는 모든 대안을 구하기보다 대안의 추가에 따른 혜택이 비용보다 클 때까지 대안을 탐색하고 그 안에서 최대의 효용을 주는 대안을 선택하는 것이다.
- **제한된 합리성**bounded rationality 경제학의 객관적 합리성 개념에 반하여 사이먼이 제시한 합리성 개념으로, 인간의 제한된 정보처리 능력과 환경의 제약 등을 고려한 보다 현실적인 관점이다.
- **최소만족**satisficing 사이먼이 제시한 의사결정 전략으로 사람들이 효용을 극대화하는 선택을 하기보다 웬만큼 만족스러운 대안을 선택한다는 것. 갈망 수준을 넘어서는 첫 번째 대안이 나타나면 탐색을 멈추고 그 대안으로 결정을 내리게 된다.
- **통제력 착각**illusion of control 실제 이상으로 자신의 환경에 대해 통제력을 가지고 있다고 생각하는 것.
- **틀 효과**framing effect 문제를 긍정적으로 표현하느냐 부정적으로 표현하느냐에 따라 같은 결과를 가진 대안에 대한 선택이 달라지는 현상. 긍정적으로 표현되는 경우 위험을 회피하는 태도를 갖는 반면, 부정적으로 표현되면 위험을 추구하는 태도를 가지면서 나타나는 현상이다.
- **편향**biases 확률 이론이나 통계 이론에서 제시하는 기준에서 벗어난 판단.
- **효용 이론**utility theory 경제학의 선택 이론. 객관적인 부를 사람들이 주관적으로 어떻게 느끼는가 하는 관계를 표현한 함수로, 객관적인 부가 증가할수록 효용의 증가폭은 감소한다(한계효용의 법칙). 사람들의 선택은 효용을 극대화하는 방향으로 일어난다고 본다.

EPILOGUE 5

깊이 읽기

❖ 허버트 사이먼의 저서

사이먼의 책은 원서의 경우 문장 자체가 간결하고 이해하기 쉬운 편이다. 사이먼은 사람들과 토론을 즐겼으며 자기와 다른 생각을 갖고 있는 사람과 더불어 문제의 정의를 새로 내리는 것부터 시작해서 상대방을 설득하기를 즐겼다고 한다. 그래서인지 그의 저서는 지극히 논리적으로 전개된다. 하지만 내용 자체가 다소 추상적이고 철학적인 데다 구체적인 현상보다는 그런 현상들을 포괄하는 상위 개념에 대한 자신의 논점을 전개하는 것이라서 이해하기 어려운 부분도 있다. 그는 지금까지 많은 저서를 남겼는데, 여기에서는 국내에 번역본이 나온 책과 본 저서에서 소개한 내용과 직접 관련 있는 것만 언급한다. 나머지 자세한 목록은 앞서 나온 연보를 참고하기 바란다.

- 사이먼, 《관리행동론 – 조직의 의사결정과정연구》 – 금정, 2005

사이먼의 《Administrative Behavior》 4판(1996)을 번역한 것이다. 초판은 1945년에 나왔는데 이것은 1942년에 쓴 그의 박사학위 논문을 수정한 책이다. 1950년대 이전 사이먼의 조직의사결정론을 대표하는 책이므로, 이 분야에 관심이 있는 사람에게는 이 책을 권하고 싶다. 개정판을 내면서 새로 추가된 부분이 이전 내용에 덧붙여 실려 있어서 조직의 의사결정에 대한 사이먼의 생각이 시간이 지나면서 어떻게 정리되었는지를 한눈에 볼 수 있다.

- 사이먼, 《인공과학》 – 삼영사, 1987

사이먼의 저서 《The Sciences of the Artificial》(1981) 2판을 번역한 것이다. 이 책은 1968년 MIT에서 한 연설 내용을 바탕으로 만들었다. 어떤 목적을 달성하기 위해 의도적으로 만들어진 위계 시스템(예를 들면 조직, 컴퓨터 프로그램 등)에 대한 그의 관점을 대표하는 책으로, 현재 3판(1996)까지 나와 있다.

- 뉴얼, 사이먼, 《Human Problem Solving》 - Prentice-Hall, 1972

1950년대 이후 사이먼과 뉴얼의 문제해결에 대한 연구를 대표하는 책이다. 번역본은 없지만 인지심리학 관련 저서의 핵심적인 내용은 대체로 소개되어 있다.

- 사이먼, 《Models of Man-Social and Rational》 - Wiley, 1957

사이먼이 1957년 이전에 발표한 논문들을 모아 정리하여 다시 발표한 책으로, 자신의 논리를 수리적으로 증명하고 있다. 인간의 의사결정에 대한 그의 이론 가운데 핵심 개념을 나타내는 '제한된 합리성'과 '최소만족'이라는 용어가 처음으로 사용된 논문이 함께 수록되어 있다.

❖ 대니엘 카너먼의 저서

카너먼의 저서는 현재 우리나라에 단 한 권만 번역, 소개되어 있다. 카너먼의 저서는 주로 이전에 발표한 논문들을 편집한 것이라 논문 형식에 익숙하지 않은 사람들에게는 약간 어려울 수도 있다. 하지만 그들이 실험에서 사용한 퀴즈 형식의 문제로 개념을 소개하는 부분이 많기 때문에 한편으로는 재미있게 읽을 수 있다.

- 카너먼·트버스키·슬로빅, 《불확실한 상황에서의 판단 : 추단법과 편향》 - 아카넷, 2001

카너먼, 트버스키, 슬로빅이 편저한 《Judgment under Uncertainty : Heuristics and Biases》(1982)를 번역한 것이다. 카너먼과 트버스키의 '휴리스틱과 편향'에 대한 연구 논문과 동료 연구자들의 관련 논문을 모아서 만든 책이다. 판단 휴리스틱과 편향에 대한 카너먼의 첫 번째 저서로 가장 대표적인 책이라고 볼 수 있다.

- 카너먼·트버스키, 《Choices, Values, and Frames》 - Cambridge University Press, 2000

1979년에 발표한 유망 이론과 그 이후에 이루어진 선택과 관련된 연구들을 소개하고 있다. 이 역시 기존에 발표한 논문들을 편집해서 발간한 것이고, 유망 이론의 최신 버전인 '누적 유망 이론(Cumulative Prospect Theory)' (1992)에 대한 논문도 실려 있다. 이 누적 유망 이론에서는 이득과 손실에 대한 결정가중치 함수가 각기 다르고, 개개 결과에 대한 확률보다는 누적된 확률이 고려된다. 그 결과 위험에 대한 태도가 세분화되어 확률이 높을 경우 이득 영역에서는 위험을 회피하고 손실 영역에서는 위험을 추구하는 한편, 확률이 낮을 때는 이득 영역에서 위험을 추구하고 손실 영역에서는 위험을 회피하는 태도를 갖는다. 800여 쪽에 달하는 두꺼운 책인데, 유망 이론이 이후에 어떻게 업데이트되었는지 궁금한 사람은 해당 논문만 참조할 수도 있다(Journal of Risk and Uncertainty, 5p. 297~323).

- 카너먼·글로비치·그리핀, 《Heuristics and Biases – The Psychology of Intuitive Judgment》 – Cambridge University Press, 2002

1982년에 발표한 《불확실한 상황에서의 판단 : 추단법과 편향》 이후에 발표된 판단 휴리스틱과 편향에 관련된 논문들을 모아서 만든 책이다. 카너먼과 트버스키가 초기에 소개한 휴리스틱과 편향 외에 다양한 휴리스틱과 편향들이 소개돼 있으며, 이런 현상들이 왜 나타나는지를 더욱 심도 깊게 연구한 논문들이 수록되어 있다.

❖ 다른사람들의 저서

- 스콧 플라우스, 《판단과 의사결정의 심리》 – 대경, 2002

스콧 플라우스(Scott Plous)가 1993년에 쓴 《The Psychology of Judgment and Decision Making》을 번역한 책이다. 판단과 의사결정의 심리학 분야를 주로 판단해 휴리스틱과 편향을 중심으로 소개한다. 이와 관련된 사회심리학 연구도 일부 포함하고 있다. 쉽게 쓰여 있어 이 분야의 초보자가 읽기에 적당하다.

- 안서원, 《의사결정의 심리학》 – 시그마프레스, 2000

본 책의 저자가 2000년에 지은 책이다. 박사학위를 마친 후 2년간 대학 3~4학년 학생들을 대상으로 한 강의를 기초로 하여 쓴 책으로, 카너먼과 트버스키의 연구뿐 아니라 저자의 관점에서 판단과 의사결정 심리학과 관련된 내용을 소개했다. 첫 저서인 만큼 전달력이 부족한 점이 있고, 내용이 축약되어 다소 이해하기 어렵다는 얘기를 듣곤 한다.

- 배리 슈워츠, 《선택의 심리학》 - 웅진지식하우스, 2005

슈워츠의 《The Paradox of Choice》(2004)를 번역한 책이다. 부제 'Why more is less'에서 볼 수 있듯이, 많은 선택권을 가졌음에도 불구하고 오히려 삶의 만족도는 떨어지는 현대인의 상황을 제시하면서 어떻게 선택하면 보다 나은 삶의 질을 영위할 수 있는지 보여주고 있다. 쉽게 읽히면서도 삶의 지혜를 터득하게 하는 책이다.

- 기거렌처·토드·ABC리서치그룹, 《Simple Heuristics That Make Us Smart》 - Oxford University Press, 1999

카너먼과 트버스키의 '휴리스틱과 편향' 연구 프로그램을 비판했던 기거렌처와 동료들의 연구를 소개한 책이다. 기거렌처도 여러 저서가 있는데, 이 책은 특히 사이먼을 계승한 그의 휴리스틱 개념을 아주 명확하게 보여주는 책이다. 합리성에 대한 그의 관점도 첫 장에 잘 소개되어 있다.

EPILOGUE 6

찾아보기

ㄱ

가산적 선택구조 p. 36
가용성 p. 77, 83, 85, 89, 102
가치평가 p. 111-113, 115, 147, 174, 181
가치함수 p. 57
갈망수준 p. 43, 48, 55, 176
객관적 합리성 p. 43, 48, 55, 176
결정 가중치 p. 112, 115, 116
결정효용 p. 103
결합오류 p. 80, 81
경제적 인간 p. 43
경험효용 p. 103
공변량 p. 96, 97, 106
〈과거를 연구하도록 저주받은 사람들을 위하여〉 p. 94
과신 p. 90, 92, 106
《관리행동론》 p. 47
관여도 p. 15
구조화된 문제 p. 73
규범적 이론 p. 23-26, 39, 130, 154, 156, 158
규칙 기반 시스템 p. 132
극대화자 p. 17-19, 23
긍정적인 틀 p. 113, 119, 120
기거렌처, 게르트 Gigerenzer, Gerd p. 127-131, 152-154
기술적 이론 p. 23, 25
기억 p. 50, 51, 53, 54, 59, 70, 72, 75, 83-85, 88, 93, 101, 104-106, 161-165
기저율 p. 78, 79, 88
기준점 p. 77, 85-89, 100, 121

ㄴ

나이서, 울릭 Neisser, Ulric p. 133
《내 삶의 모델》 p. 67
노이만, 폰 Neumann, J. L. von p. 20, 32, 61, 107, 149
논리이론가 p. 66, 67
뉴얼, 앨런 Newell, Allen p. 32-34, 57-59, 61, 66-73, 133, 137

ㄷ

다마지우, 안토니우 Damasio, Antonio p. 161-163
단위화 p. 72
대응 이론 p. 156
대표성 p. 77, 81, 82
대표성 휴리스틱 p. 78, 79, 81, 87, 88, 126
도박꾼의 오류 p. 81
동형 문제 p. 73-75

ㄹ

랜드 연구소 p. 32
랭어, 엘렌 Langer, Ellen p. 97, 99, 106
러셀, 버틀런드 Russell, Bertrand p. 66
린다 문제 p. 79, 88

ㅁ

〈마법의 수〉 p. 65
만족주의자 p. 17-19, 21-23
매몰원가 p. 53, 143, 144
매컬럭, 워런 Mcculloch, Warren p. 60

모르겐슈테른, 오스카어 Morgenstern, Oskar p. 20, 107, 149
문제공간 p. 68, 71, 73, 124
밀러, 조지 Miller, George p. 59, 65, 66, 72

ㅂ
바틀릿, 프레더릭 Bartlett, Frederick C. p. 63
범주 p. 78, 81, 88, 101, 102
베이스, 토머스 Bayes, Thomas p. 125, 126
베이스의 정리 p. 125-127, 129
변형생성문법 p. 66
복마전 p. 61
부정적인 틀 p. 113, 119, 120
분석 p. 131, 155
《불확실한 상황에서의 판단》 p. 50, 87, 90, 128
브룬슈비크, 에곤 Brunswik, Egon p. 154-156
비고츠키, 레프 Vygotsky, Lev p. 63
비구조화된 문제 p. 73

ㅅ
사이먼, 허버트 Simon, Herbert p. 13, 21-26, 28-34, 40-48, 51-55, 57-59, 61, 64-73, 75, 76, 105, 123, 124, 127, 131-137, 154
사이버네틱스 p. 60
사후판단 편향 p. 93-95, 106
상관의 착각 p. 96, 106
상징조작 p. 61, 67
상트페테르부르크 패러독스 p. 109
생태학적 타당성 p. 153
섀넌, 클로드 Shannon, Claude p. 59, 60, 66
선호 p. 12, 21, 29, 36, 43, 44, 46, 120-122, 148
선호역전 p. 121
〈선호의 비이행성〉 p. 36
설, 존 Serale, John p. 135
세일러, 리처드 Thaler, Richard p. 37, 140, 143, 146-148

셀프리지, 올리버 Selfridge, Oliver p. 61
소리 없이 다가오는 결정론 p. 94
손실혐오 p. 115
쇼, 클리퍼드 Shaw, Clifford p. 66
《수학원리》 p. 66
슬로빅, 폴 Slovic, Paul p. 49, 50, 90, 95, 128
습관 p. 50-53
시간의 구속력 p. 44, 53
시작비용 p. 53
시행착오 p. 50
심신 문제 p. 137
심적 회계 p. 143

ㅇ
아시아 질병 문제 p. 119
아이오와 도박 실험 p. 162
어문적 프로토콜 p. 70
에드워즈, 워드 Edwards, Ward p. 124-126
연상 시스템 p. 132
예측효용 p. 103
오스캠프, 스튜어트 Oskamp, Stuart p. 91, 103
외계인과 공 문제 p. 75
위계 p. 42, 43, 70
위너, 노버트 Wiener, Norbert p. 60
위험추구 p. 118
위험회피 p. 118
유망 이론 p. 23, 107, 111-113, 115, 116, 118, 120, 132, 146, 150
〈유사성의 특징〉 p. 36
〈의미분별법의 분석적 모델〉 p. 36
의사결정 p. 19, 22-24, 30, 31, 33, 34, 40-42, 43, 45-48, 52, 54-58, 67, 70, 102, 103, 123, 124, 133, 145, 153, 155, 157, 159, 160, 161, 163, 165
《이코노메트리카》 p. 107
《인간 행동의 모델》 p. 55
인지과학 p. 33, 34, 58-60, 66, 133

일반문제해결자 p. 70
일치성 이론 p. 156

ㅈ

작은 수의 법칙 p. 81
재인 휴리스틱 p. 152, 153
전문성 p. 71-73
절정과 종결 법칙 p. 104, 106
절차적 계획 p. 54
접근 용이성 p. 131, 132
정보처리 시스템 p. 33, 59, 133
정신물리학 p. 65
제임스, 윌리엄 James, William p. 52
제한된 합리성 p. 22, 55-57, 127, 132
조건확률 p. 101, 125, 128, 129
조작적 정의 p. 41
조정 휴리스틱 p. 86, 88, 121
조직 이론 p. 31, 47
준가법성 p. 101
준거점 p. 113, 118, 146
중국어 방 p. 135
직관 p. 73, 131, 155

ㅊ

체험 시스템 p. 131
촘스키, 놈 Chomsky, Noam p. 59, 64-66
최소만족 p. 55, 57
카너먼, 대니얼 Kahneman, Daniel p. 13, 20-26, 28, 34-39, 50, 52, 74, 76-78, 81, 86, 87, 90, 103107, 111, 112, 115-117, 123, 124, 126, 127, 128, 130-132, 137
카네기 공과대학 p. 32, 61, 66
콜스 커미션 p. 32
큰 수의 법칙 p. 81

ㅌ

톨먼, 에드워드 Tolman, Edward C. p. 41, 50, 52, 62, 155

튜링, 앨런 Turing, Alan M. p. 61
튜링 기계 p. 61
트버스키, 바버라 Tversky, Barbara p. 36
트버스키, 에이머스 Tversky, Amos p. 23-26, 34-37, 50, 76-78, 81, 86-88, 90, 101, 105-107, 115-117, 124-128, 130, 137, 147, 152, 154-157
틀 효과 p. 119, 132

ㅍ

파스칼, 블레즈 Pascal, Blaise p. 108, 109, 158
페르마, 피에르 드 Fermat, Pierre de p. 108, 109, 158
편향 p. 25, 37, 39, 77, 83, 85-87, 90, 94, 101, 105, 124, 127, 131, 132, 144, 152, 154, 155, 157, 158
편향 줄이기 기법 p. 87, 88, 106
평균으로의 회귀 p. 82, 88
프로이트, 지그문트 Freud, Sigmund p. 43
플로롭스키, 게오르그 Florovsky, Georges p. 94
피드백 p. 60
피시호프, 바루크 Fischhoff, Baruch p. 93-95, 106
피아제, 장 Piaget, Jean p. 63
피츠, 월터 Pitts, Walter p. 60

ㅎ

하노이 탑 문제 p. 73-75
학습 가능성 p. 50, 53
합리 시스템 p. 32
〈합리적 선택과 환경의 구조〉 p. 55
〈합리적 선택의 행동 모델〉 p. 55
해군 연구소 p. 32
핵심적 계획 p. 54
행동 지속성 p. 50, 53
행동경제학 p. 37, 145, 150
형태주의 심리학 p. 63, 64, 154, 158
화이트헤드, 알프레드 Whitehead, Alfred p. 66
확률 이론 p. 25, 81, 101, 109, 112, 124, 158

확률적 기능주의 p. 156

효용 이론 p. 107, 108, 111, 112, 117, 120,
    123, 143, 149

효용함수 p. 110-112, 114, 118

휴리스틱 p. 25, 32, 37, 50, 68, 69, 71, 72,
    76-79, 81, 86-88, 90, 96, 99, 102, 101, 104,
    105, 123, 124, 126, 127, 130, 131, 132,
    152, 154, 157, 158